Pour Florence,
parce qu'il n'est jamais trop tard pour tenir
une promesse qu'on se fait quand on a 13 ans

Pour Karine,
ton email d'août 2011 et nos aventures
de cartes avalées par les distributeurs

Dépôt légal : octobre 2021
ISBN : 979-10-91555-70-8
ISSN : 1228-8489

Mook

Les Cahiers de Corée

N° 11

Notes sur la transcription : La transcription utilisée dans cet ouvrage suit le système adopté en juillet 2000 par le ministère du Tourisme et de la Culture sud-coréen. Toutes les lettres se prononcent. Les lettres *p*, *t*, *k*, *ch* désignent une consonne aspirée. *ae* et *e* se prononcent « é ». *u* se prononce « ou ». *eo* se prononce comme un « o » ouvert (cf. « rose » dans le Sud de la France). *eu* correspond à un son entre le « u » et le « eu » français. *ch* et *j* correspondent à « tch » et « dj ». La nasalisation est rendue par -ng. Seuls les noms propres courants ont été conservés dans l'orthographe en usage en Corée du Sud et/ou en France.

Ophélie Surcouf

POURQUOI LA CORÉE ?

K-pop, K-drama, K-food...
comment elle a changé leur vie

L'Atelier des Cahiers

SOMMAIRE

Introduction : Pourquoi la Corée ?		9
Mini-lexique		15
1. Renouer	*Enquête aux racines*, Sueen N. Kelsey	17
2. Manger	*Kimchi ! Souriez, vous êtes filmé*, Benjamin Joinau	37
3. Accepter	*Adopter sa différence*, Leanna French	51
4. Gagner	*L'esprit de compétition*, Yoan Merlo & Pierre-Jean Orgues	63
5. Découvrir	*Portraits hors-normes*, Nathalie Salhi	81
6. Voyager	*Sur la route de soi*, Irina Lyan	93
7. Raconter	*Histoires en mouvement*, Ophélie Surcouf	111
8. Filmer	*Coulisses et confidences*, Steve M. Choe	123
9. S'évader	*La balade d'une* fangirl, Constanza Jorquera	135
10. Grandir	*Amour et désamour*, Lucie Nunaya	157
11. Éclairer	*Planter des idées*, Mathieu Berbiguier & Nicole Santero & Rita Powell	173
12. Cicatriser	*Guérir les blessures*, Elaine Vega	189
Remerciements		200

Introduction

Pourquoi la Corée ?

– *Why Korea?* me demande l'un des visiteurs de l'auberge de jeunesse dans laquelle je travaille depuis trois mois.

Encore cette question. J'ai perdu le compte. Elle est dans toutes les bouches. Des bouches rondes et étonnées chez les Coréens qui ne comprennent pas pourquoi diable je vis à Séoul, la ville qu'ils rêvent de quitter. Des bouches étirées et curieuses chez les voyageurs de passage, toujours surpris que j'aie choisi cette destination pour m'y installer. Des bouches molles et polies chez les expatriés, qui répètent la question plus par habitude, que par intérêt.

« Pourquoi la Corée ? »

On me posait déjà la question en français lorsque j'avais treize ans. Mes amis, pourtant fans des mangas *Naruto*, *Bleach* et *One Piece*, s'étonnaient de ma passion pour un pays asiatique autre que le Japon. Je crois que c'est à cette époque que j'ai décidé de m'improviser évangéliste de la culture coréenne.

Je l'ai découverte complètement par hasard, au détour d'une recherche Google sur un manga et sans vraiment savoir sur quoi je venais de cliquer. Dès la première série, j'ai basculé d'un visionnage compulsif d'anime japonais à une obsession pour les séries coréennes. J'en parlais tout le temps, j'expliquais les différences, les similitudes. Je désamorçais d'emblée les critiques : « Ce n'est pas parce qu'une série coréenne s'appelle un *drama* coréen que tout va se finir dans le sang et dans les pleurs ! » J'ai réussi à convertir une amie à Lee Min-ho, l'une des stars les plus célèbres du début des années 2010 - et vraiment très récemment, ma cousine a enfin commencé à me demander de la conseiller en séries coréennes et en restaurants. Je ne dirais pas que sa passion toute nouvelle pour la Corée est de mon fait, mais je compte tellement peu de victoires parmi mes proches que j'ai décidé de me l'attribuer tout de même !

Le hasard veut que les deux années où l'intérêt pour la culture coréenne a pris de l'ampleur dans le monde entier, j'habitais justement à Séoul. La première fois, en 2017, les médias annonçaient une guerre prochaine entre les États-Unis et la Corée du Nord : la tension diplomatique a attiré tous les regards sur la Corée du Sud. La seconde fois, en 2019, le groupe de *K-pop* BTS avait été nominé aux *Grammy Awards* et apparaissait dans tous les shows américains. Je ne pouvais qu'observer de loin cette explosion et je n'en ai pris la mesure qu'après coup : en rentrant en France et en réalisant que je pouvais parler de *K-pop* - ou même de Corée du Sud - à des inconnus sans devoir y accoler un paragraphe entier d'explications.

Le plus gros choc, je crois, a été le premier week-end de l'année 2020. Je venais de rentrer de Corée et ma famille et moi étions partis nous balader à Paris. Il y a une petite place, coincée entre le Louvre, la Comédie française et le jardin du Palais royal qui s'appelle la place Colette. Au fil des années, j'ai vu des fanfares, des orchestres, et d'autres artistes y présenter des performances le week-end. Mais ce jour-là, en passant sous l'arche des galeries, il y avait un groupe d'adolescents en train de se déhancher sur une chanson du groupe BTS. J'ai fait les yeux ronds, et je me suis arrêtée au milieu de la rue. C'était une réaction sûrement disproportionnée - mais j'étais tellement surprise de voir cette scène, que j'avais vue tous les jours à Séoul, au milieu d'une place on ne peut plus parisienne. Tout y était : la synchronisation, les vêtements un peu déchirés collés au corps, les chaînes argentées attachées aux hanches, la caméra pour filmer, l'enceinte au milieu d'un tas de câbles, l'acoustique catastrophique, les rires des jeunes, la musique de BTS.

- C'est de la musique coréenne ? m'a demandé mon père.

J'ai hoché la tête et nous avons repris la route. Mes parents ne s'y sont pas intéressés plus d'une seconde, les gens dans la rue passaient sans s'arrêter. Pendant une demi-heure, j'ai hésité : j'avais vraiment envie d'aller leur parler - après tout, j'écris un livre sur l'impact de la culture coréenne dans le monde. Quelle meilleure excuse pour aborder des inconnus que celle-ci ? Mais je n'y suis pas allée. Je me suis demandé ce que j'allais leur dire, quelles questions je pouvais leur poser.

« Pourquoi la *K-pop* ? », « Pourquoi la danse ? », « Pourquoi ici ? »

J'ai laissé tomber.

***

Comment commencer ce livre ? Je l'ai su le 19 octobre 2018, à l'instant où BTS est entré en scène. Les sept membres du groupe étaient présents pour un concert à Bercy, au cœur de Paris. RM, le leader charismatique. V, *edgy*, sombre, plein d'émotions. Suga, le discret rappeur. Jimin, gentil et attentif. J-Hope, toujours fendu d'un sourire. Jin, l'aîné farceur de la famille. Jungkook, le talentueux petit dernier.

Lorsqu'ils font leur apparition, personne ne les applaudit. Applaudir, c'est pour les gens polis qui admirent de loin, et les fans de BTS, une majorité de filles à ce concert, ne sont pas des admiratrices polies. Elles adorent leurs idoles à trembler, à en pleurer, à s'évanouir. Leurs cris - leurs *cris* - rebondissent sur tous les murs de la salle. La foule martèle le sol de ses milliers de pieds et agite en rythme des bâtons de lumières colorées.

C'est un rituel tribal, envoûtant. Les basses et les hurlements font vibrer les corps - nos corps.

Pourtant, je n'aime pas trop la *K-pop*. Admettons cela d'emblée. Tout autour d'elle me fascine : l'industrie, le marketing, le rapport avec les fans. Mais la musique elle-même me laisse globalement froide - elle n'est tout simplement pas à mon goût, plus rock et jazz. Je n'aurais jamais été à un concert de BTS si je n'y avais pas été invitée en tant que journaliste.

Pour la toute première fois dans le cadre de mon travail, je me suis demandé si je méritais ma place à un événement. Debout dans une loge, avec une vue plongeante sur la fosse - et sur la scène - je me sentais comme une enfant gâtée qui n'apprécie pas ce qu'on lui offre. Les gens, en bas, ont payé une fortune pour assister au spectacle, ont dû réserver leurs billets à la seconde où elles étaient mises en ligne et ont fait la queue depuis la veille pour se tenir au plus près de leurs idoles. Deux fois, un agent de sécurité est passé devant notre balcon en courant, une jeune fille évanouie dans les bras. À ma gauche, deux ados n'avaient plus de voix pour crier. Des larmes brouillaient leurs joues de mascara.

J'ai toujours hésité à mentionner que j'avais vu le concert par la suite, lorsque je rencontrais des fans étrangères en Corée - j'avais l'impression de me pavaner devant elles et de brandir un privilège qui ne m'appartient pas.

Pourquoi cet évènement en particulier m'a fait ressentir cela ? Il ne s'agit après tout *que* d'un concert. Les membres du groupe jouent leurs rôles. Ils dirigent l'émotion de l'assemblée avec la virtuosité de chefs d'orchestre. Leur œuvre est exécutée à la perfection : la tension monte, se tend. Elle grimpe encore, encore, et encore. Encore. Encore. Et encore. Et ce n'est qu'à ce moment-là... lorsque les fans sont en transe... que l'atmosphère est au bord de l'implosion... que le groupe fait redescendre un peu l'excitation. Jungkook lance une bouteille d'eau dans la foule qui étouffe de sueur, de frénésie, de chaleur et d'épuisement. Les fans continuent de crier.

Ce qui se passe est au-delà de la musique, et difficile à imaginer lorsque l'on n'a jamais connu une passion aussi dévorante. À la sortie du concert, j'ai d'ailleurs eu du mal à comprendre ce que je venais de vivre. Jamais je n'avais vécu si fort des émotions qui ne m'appartenaient pas. Les fans se tenaient dehors, le regard rempli d'étoiles. Nombre d'entre elles continuaient de crier. Certaines étaient encore en train de pleurer. Je me suis avancée vers un groupe – elles avaient douze ans tout au plus – et je leur ai demandé :

– Pourquoi BTS ?

***

Pourquoi suis-je moi-même incapable de m'écarter de cette question que je déteste ? On ne demande plus trop en France : pourquoi le Japon ? On ne demanderait jamais à qui que ce soit : « Pourquoi les États-Unis ? Pourquoi New-York ? » Est-ce une forme de dédain ? L'ignorance face à une culture perçue comme inférieure – dont on ne comprend pas qu'on puisse la préférer à la nôtre ?

Je demande pourquoi BTS parce que c'est un pan de la culture coréenne dont l'attractivité m'échappe, et face à ce qui est un mystère pour moi, je réagis comme tous les autres : avec une platitude... et une sorte de condescendance involontaire.

D'une certaine manière, c'est pour cela que j'ai eu envie d'écrire ce livre. Pour comprendre. Pour répondre à cette question qui me hante : « Pourquoi la Corée ? » Peut-être aussi pour expliquer qu'il n'y a pas de réponse simple, seulement des histoires diverses et compliquées.

Car une passion pour la Corée ne se résume pas à quelques secondes. Chez les dizaines de personnes que j'ai interviewées à travers le monde pour écrire ce livre, elle semble s'articuler autour d'un contexte culturel et social spécifique, du hasard de la découverte, et d'une personnalité souvent un peu aventureuse.

Alors, avec ce livre, j'ai eu envie de vous proposer de partir en voyage, à leur rencontre. Pas à la rencontre du chercheur, du réalisateur ou du fan. Mais à celle, plus intime, de personnes dont la vie a profondément été changée par leur lien avec la culture de ce pays qui me fascine tant – et qui fascine la planète chaque jour de plus en plus.

Mini lexique

Hallyu
C'est le mot consacré pour désigner la vague culturelle coréenne (*Korean Wave*) et ses effets. C'est tout le sujet de ce livre où l'on essaie de comprendre pourquoi elle fascine tant de personnes dans le monde entier.

K-pop
« K » pour Korea et « pop » pour musique pop. Les Coréens sont fans de ces mots-valises qui commencent par « K ». Par exemple, il existe aussi le *K-food*, la *K-beauty*, la *K-fashion*. Bref, vous avez saisi le concept !

K-drama
Petit aparté pour celui-ci. Un *drama* = une série télévisée en Asie. Du coup, *K-série*.

idoles
Les membres des groupes de *K-pop* cumulent tellement de casquettes qu'on les appelle des idoles plutôt que des chanteurs, des rappeurs ou des danseurs. Il faut dire qu'ils font parfois tout en même temps.

webtoon
C'est un format de bande dessinée conçu pour le web et né au début des années 2000 en Corée. Il s'agit d'une bande verticale qu'on peut faire défiler à l'infini.

fandom
C'est l'ensemble des fans d'une personne, d'une équipe, d'une série de fiction, etc. On parle du *fandom* de BTS, du *fandom* de *Harry Potter*, du *fandom* de *Twilight*, ou du *fandom* du *Seigneur des Anneaux*. Le terme désigne à la fois une communauté et une sous-culture.

Chapitre 1

Renouer

Sueen Noh Kelsey
Coréenne,
51 ans

Il arrive souvent qu'un livre sur la Corée soit obsolète le jour de sa sortie. Le pays avance simplement trop vite pour que les six mois généralement nécessaires à la confection des exemplaires papier et de la mise en rayon ne représentent pas un risque pour l'actualité du contenu. Lorsque j'ai commencé ce livre en 2017, le groupe de K-pop *BTS commençait à peine à se faire vraiment connaître sur la scène internationale. Un an plus tard, leur popularité avait gagné le monde entier, les avait propulsés sur les plateaux des émissions les plus regardées en Amérique et leur avait permis de collaborer avec les artistes américains les plus en vogue. En 2020, ils sont devenus les artistes les plus populaires au monde*[1]*.*

Je suis curieuse de savoir ce qu'il en est aujourd'hui, pour vous qui lisez ce livre. Sont-ils encore plus célèbres ? Ont-ils

1. D'après le Global Music Report 2021 de l'IFPI (International Federation of the Phonographic Industry) sur l'industrie de la musique, BTS était le premier artiste en termes de ventes (CD et streaming) dans le monde en 2020.

survécu à leur absence d'un an et demi – leur service militaire obligatoire en Corée ? Leurs records ont-ils été éclipsés par d'autres artistes ? Se sont-ils séparés ? Certains ont-ils eu une grande carrière en solo ? N'avez-vous aucune idée de qui il s'agit ?

Je n'exagère pas la vitesse à laquelle la Corée évolue. La durée de vie d'un restaurant ou d'un café est d'à peine un an à Séoul. De nombreuses adresses que j'adorais, pleines à craquer tous les jours et à toutes les heures, ont fermé pendant mes séjours. Un quartier que j'habitais a été quasiment reconstruit entre deux voyages. Quitter le pays six mois, c'est toujours prendre le risque de revenir et de voir que ce qu'on avait appris à connaître de Séoul a changé. C'est l'un des nombreux paradoxes de la culture coréenne : elle est fluide, toujours en mouvement… et dans le même temps, gravée dans le marbre. Ces déconstructions s'opèrent toujours autour de piliers qui eux, restent immuables. La qualité d'un restaurant à Séoul ne s'estime d'ailleurs pas au nombre de clients qui s'y trouvent, à son décor ou à son prix, mais au nombre d'années depuis lequel il est ouvert.

En écrivant ce livre, je savais que je prenais le risque qu'il devienne obsolète à sa sortie. C'est la raison pour laquelle, plutôt qu'un livre académique ou une collection d'interviews, j'ai préféré écrire un livre d'histoires. Au pire, les histoires ne vieillissent pas. Au mieux, elles prennent du caractère avec l'âge.

C'est à travers l'une de ces histoires que j'ai fait la connaissance de Sueen Noh Kelsey. Elle est l'auteure d'articles universitaires pionniers sur la Hallyu, la vague culturelle coréenne qui comprend la musique (K-pop), les séries télévisées (K-drama), les bandes dessinées (manwha et webtoon) mais aussi la nourriture, la mode ou les jeux vidéo. La chercheuse coréenne a assisté à la naissance de cette culture, lorsqu'elle grandissait à Séoul dans les années 1980 et 1990. Puis elle a émigré aux

États-Unis où elle a observé de plus loin la vague submerger l'Asie tout entière.

Sa passion : comprendre l'ADN de sa pop culture. Qu'est-ce qui fait la coréanité de la culture coréenne ? D'où vient-elle ? Quelles autres cultures l'ont influencée ? Pourquoi trouve-t-elle un écho dans le reste de l'Asie ou à l'autre bout du monde ? Pour ce livre, Sueen est remontée aux racines de sa propre histoire et nous fait voyager dans le temps, jusqu'en 1980.

Enquête aux racines

par

Sueen Noh Kelsey

Pendant les années 1980, c'était toujours soirée cinéma le samedi à la maison. Avec ma sœur, mon frère, et parfois mes parents, nous nous asseyions devant la télévision pour regarder *Autant en emporte le vent*, *Vacances romaines*, *Love Story*, *Waterloo Bridge* ou *My Fair Lady*, des classiques souvent américains que diffusaient les chaînes nationales coréennes.

Le lendemain matin, sitôt réveillée, je courais à nouveau jusqu'à la télévision pour regarder *Candy,* mon dessin animé préféré. J'adorais l'héroïne, Candy White. Elle avait grandi dans la région des Grands Lacs aux États-Unis avant d'être adoptée par une famille prestigieuse et envoyée dans un pensionnat en Angleterre. Je voulais aller à l'école avec elle : sa vie me semblait si romantique et exotique ! Je voulais surtout, comme elle, danser avec Terry Grandchester pendant le festival de mai de l'école. Leur premier baiser m'avait donné des frissons à l'époque : Terry, jaloux que Candy lui parle d'Anthony, son premier amour tragiquement décédé après une chute de cheval... l'embrassait avec force pendant qu'ils dansaient. A posteriori, j'ai réalisé qu'il s'agissait plutôt d'une agression sexuelle - mais lorsque j'avais sept ans, cela me semblait juste extrêmement romantique.

Je rêvais de tomber amoureuse d'un homme comme Terry. Beau, talentueux et rebelle. Je n'étais pas la seule. Terry était l'homme des rêves de beaucoup de Coréennes. Je me souviens que mes amies se disputaient pour déterminer lequel des deux était le meilleur - Terry ou Anthony ? Anthony se montrait chaleureux, doux et attentionné alors que Terry semblait froid, dur et flirtait avec le danger. Il faut dire qu'Anthony avait grandi dans une famille noble et riche, tandis que Terry avait souffert car il était l'enfant illégitime d'un père noble et d'une mère actrice. De mon côté : aucune hésitation. Je voulais un futur partenaire, qui, comme Terry, serait froid avec toutes les autres filles, mais doux, dévoué et fidèle rien qu'avec moi.

En Corée, nous avons des termes pour ces stéréotypes. Terry est un parfait prototype de *naeng-minam* (littéralement « bel homme froid ») et Anthony de *on-minam* (littéralement « bel homme chaud »).

J'ai continué à trouver des variations de Terry dans les bandes dessinées pour filles coréennes et japonaises, les *drama* et les films coréens, ainsi que les films occidentaux et les romans d'amour. Je suis aussi passée par une phase de livres Harlequin. Nous les lisions voracement avec ma grande sœur. Ils racontaient principalement des relations entre un homme froid qui réussit (souvent un playboy) et une femme perdue mais attirante (souvent vierge). Cette période fut courte, car je me suis vite lassée de lire des histoires qui se ressemblaient toutes. Mais elles ont encore renforcé mon fantasme : même un playboy pouvait devenir fidèle lorsqu'il rencontrait son « véritable amour ».

Il est intéressant de constater qu'un anime japonais a eu un impact aussi durable sur la culture coréenne. D'autant plus que les hommes mis en scène n'étaient ni coréens, ni japonais, mais occidentaux. Avec le recul, je réalise à quel point il est ironique que les animes japonais aient presque davantage cultivé mon désir d'Occident que les films occidentaux. D'autant plus que je haïssais la brutalité coloniale du Japon : son peuple avait envahi le mien entre 1905 et 1945 et j'avais grandi en entendant des histoires de première main sur cette période terrible et sanglante qui a tant fait souffrir les générations qui m'ont précédée.

La principale raison de ce paradoxe ? Les autorités coréennes déguisaient la nationalité des mangas. Lorsqu'une histoire de manga se déroulait au Japon, elle était stratégiquement manipulée. Les noms des personnages japonais étaient remplacés par des noms coréens et le kimono, l'habit traditionnel nippon, était altéré pour devenir un *hanbok*, le costume traditionnel coréen. Ces mangas japonais « coréanisés » affichaient même sur leur couverture des noms d'auteurs coréens qui… n'existaient pas.

Je suis tombée irrémédiablement amoureuse des mangas lors d'une visite chez une amie de ma sœur. Sa bibliothèque remplie de mangas pirates m'a ouvert les portes d'un nouveau monde. Elle avait, au format poche, des dizaines de bandes dessinées japonaises, alors interdites en Corée !

Ma soeur, son amie et moi, nous appartenions toutes les trois à la génération dite *manwha* (l'équivalent de « manga » ou « bande dessinée » en coréen). Elle désigne ceux qui sont nés entre 1960 et 1970 et qui ont grandi en lisant des bandes dessinées coréennes et japonaises dans les années 1970 et 1980. Relativement bon marché à produire par rapport aux émissions télévisées ou aux magazines de l'après-guerre (1950-1953), les *manwha* étaient devenus une forme de divertissement populaire chez les enfants et, comme l'industrie des mangas au Japon était ancienne et prolifique, de nombreux tomes avaient été traduits en coréen. Il était difficile d'y accéder car, en 1945, le gouvernement coréen avait officiellement interdit l'importation de produits culturels japonais à cause de l'histoire coloniale des deux pays. La loi pour la protection des mineurs accusait notamment les bandes dessinées de promouvoir la violence chez les jeunes. Cette censure n'a toutefois pas empêché un marché noir de se développer et c'est pour cela qu'il existait des bibliothèques pirates.

Tout de suite, je me suis intéressée davantage aux *shojo*, les mangas pour filles. J'admirais leurs protagonistes féminines : elles étaient à la fois fortes, vulnérables et empathiques. Comme je n'étais pas autorisée à acheter de *manwha*, je passais des heures dans des cafés librairies (*manwha-bang* en coréen) où je pouvais lire BD et magazines en payant au volume ou à l'heure.

Comme pour *Candy*, j'aimais que ces histoires me fassent rêver sans être des contes de fée qui se terminent par « et ils finirent heureux pour toujours ». Candy, par exemple, a traversé un nombre interminable d'épreuves. Elle est d'abord abandonnée lorsqu'elle est bébé. Elle est ensuite séparée de sa meilleure amie, Annie, lorsqu'elle est adoptée. Elle perd son premier amour Anthony, qui meurt accidentellement. Elle est maltraitée par la famille Leagan – en particulier par deux enfants malicieux : Neal et Eliza. Elle abandonne Terry à sa rivale Susanna. Et elle vit de plein fouet la Première Guerre mondiale !

Je me demande si c'est pour cela que nous ne lisions pas tellement de littérature américaine. Cette dernière était-elle trop joyeuse pour les enfants coréens de l'époque ?

***

Ce n'est qu'à l'adolescence que j'ai commencé à prendre conscience des origines japonaises de mes histoires préférées. Je les ai donc remplacées par des *manwha* coréens, mais j'étais l'une des seules. Mes amis les trouvaient « gamins » et ont tout simplement arrêté d'en lire. Dans les salles de classe, la nouvelle mode était plutôt à la pop occidentale.

L'introduction de la musique américaine en Corée date des années 1950, lorsque les forces américaines sont venues superviser la partie sud de la péninsule et s'impliquer dans le conflit coréen. Des chanteurs coréens célèbres des années 1960-1980 ont commencé leur carrière en divertissant les soldats stationnés sur la base de la huitième armée, celle qui commande, encore aujourd'hui, toutes les troupes américaines de l'armée de terre, en Corée du Sud. Ils chantaient des chansons de crooners américains, traduisaient les paroles en coréen ou écrivaient des paroles coréennes originales sur les mélodies américaines.

Au collège, j'ai été frappée d'un coup de foudre pour le groupe britannique Duran Duran. Je n'avais pas encore écouté une seule de leurs chansons, que les cinq membres s'étaient déjà emparés de mon cœur. Ils ressemblaient à des versions en chair et en os de mes héros de bandes dessinées. John Taylor était le plus beau du groupe et donc mon « mari ». Avec l'une de mes camarades de classe, c'était la guerre. Elle se faisait appeler « Mrs. Michael » (comme George Michael de Wham!). Grande fan de Wham!, elle passait son temps à faire des remarques désobligeantes sur Duran Duran devant moi, affirmant qu'ils n'étaient pas aussi talentueux que ses amants à elle - George Michael et Andrew Ridgeley. J'étais furieuse contre elle, et surtout contre moi-même car je n'arrivais pas bien à défendre mon groupe face à ses arguments...

Au long de ma jeunesse, je suis tombée amoureuse de nombreuses fois… mais jamais dans la réalité. J'ai d'abord étudié dans un collège de filles, puis dans un lycée pour filles. Il n'y avait simplement pas de garçons dans ma vie. Certaines de mes camarades de classe avaient le béguin pour les jeunes enseignants (célibataires ou mariés). Moi, je leur préférais les chanteurs occidentaux. Assez vite, j'ai perdu intérêt pour Duran Duran et je suis passée à Stryper, un groupe de metal chrétien américain. Robert Sweet, leur batteur, est devenu mon nouvel époux. Je suis devenue plus sérieuse dans mes activités de fan – j'ai acheté tous leurs albums, je découpais leurs photos dans des magazines de musique et j'ai même rejoint leur fan club américain. Je correspondais avec des Américaines pour échanger des photos du groupe. L'une d'elles m'a invitée à participer à un projet visant à créer nos propres en-têtes de lettres (postales) et étiquettes d'adresses avec les logos et les photos de nos groupes favoris. La mienne commençait par : « *I dream of U, and U drum 4 me*. »

J'adorais Stryper, bien sûr, mais je pense que mon dévouement traduisait une envie d'échapper à mon quotidien. En tant que lycéenne, j'étais soumise à une énorme pression. Je devais étudier très dur pour intégrer l'une des prestigieuses universités du pays. On nous répétait tous les jours que l'éducation était le seul moyen de réussir en Corée du Sud. En terminale, je quittais la maison avant sept heures du matin et revenais tous les jours après minuit. De nombreux lycées exigeaient de leurs élèves qu'ils restent à l'école et étudient jusque dans la nuit. Malgré cela, seuls 25 % des candidats parvenaient à être admis à l'examen d'entrée pour l'université. Mon amour pour Stryper s'est d'ailleurs estompé après mon entrée à l'université, en 1992.

C'est pourtant cette année-là que devenir fan en Corée a pris une autre signification. Les légendaires Seo Taiji and the

Boys étaient alors les pionniers du rap et commençaient leur révolution de l'industrie musicale coréenne…

J'étais un peu trop vieille pour faire partie de leurs fans mais je voyais bien que leur influence était impressionnante. Les générations précédentes ne comprenaient pas leur musique. Elles ne cessaient de les critiquer : « ils ne font que parler, ils ne chantent pas ». Au départ, Seo Taiji and The Boys imitaient leurs prédécesseurs, c'est-à-dire qu'ils adaptaient à leur sauce la pop américaine. Mais les sujets qu'ils osaient aborder dans leurs chansons ont permis leur succès phénoménal. Leur titre *Classroom Ideology*, qui critiquait le système éducatif coréen, avait même été interdit à la radio et la télévision. Leur influence a pris une telle ampleur qu'ils sont parvenus à intéresser les élèves au sujet de la réunification des deux Corées avec leur tube *Dreaming of Balhae* - un exploit qu'aucun professeur n'avait réussi à accomplir - et on a commencé à surnommer Seo Taiji « le président de la culture ».

En 1993, la génération Seo Taiji a débarqué à l'université et les étudiants voulaient soudainement faire leur carrière dans le rap et la danse. Je n'avais qu'un an de plus et, pourtant, j'ai presque vécu un choc culturel en voyant les nouveaux élèves arriver.

Lorsque le groupe a pris sa retraite en 1996, les jeunes Coréens ont commencé à suivre leurs successeurs, la première génération de groupes d'idoles : H.O.T., Sechs Kies, S.E.S., Fin.K.L., Shinwa et G.O.D. La *K-pop* s'est emparée du trône dans lequel siégeait la pop occidentale. Les fans coréens n'avaient plus besoin de s'identifier aux chanteurs occidentaux : ils leurs préféraient les artistes locaux. Dans les années 1990, les trois principales agences de divertissement, SM Entertainment, YG Entertainment et JYP Entertainment ont été fondées. Elles sont devenues par la suite les principaux moteurs de la musique pop coréenne et ont fait déferler la vague coréenne, la *Hallyu*, partout dans le monde, principalement par le biais d'Internet et des réseaux sociaux.

***

Mais revenons un peu en arrière. Lorsque je suis arrivée à l'université (en 1992), personne ne parlait encore de *K-pop*. On parlait à peine de *manwha*, un phénomène de pop culture bien plus ancien. Ni l'un, ni l'autre n'étaient vus comme un sujet de recherche sérieux. Lorsque je me suis spécialisée dans la communication de masse, j'ai donc décidé de faire tous mes projets sur les *manwha* plutôt que sur les médias traditionnels comme le cinéma, la publicité ou la radio. Et parce que je faisais partie de nombreuses communautés de fans de BD en ligne, je me suis davantage intéressée à l'exploration de cette culture qu'à la BD elle-même.

Mes camarades me surnommaient la « reine de la BD ». Mais par rapport à d'autres, ma passion était tout en bas de l'échelle. Certains membres des fan-clubs se rendaient au Japon pour se procurer des tomes originaux et d'autres visitaient les pays européens dessinés dans leurs séries préférées. Il peut sembler un peu « fou » d'investir autant dans un passe-temps pour quelqu'un qui ne le comprend pas, c'est pourquoi je trouvais fascinant d'explorer le pourquoi. Certains fans sérieux sont devenus des experts de la culture, de l'histoire et de la langue japonaise. Ils m'ont inspirée, et j'ai décidé de rédiger mon mémoire de fin d'études sur le thème de l'homosexualité masculine dans les *manwha* à destination des jeunes. Mon mémoire a remporté la deuxième place au concours de dissertation universitaire du journal de l'université.

L'un de mes cours m'a beaucoup aidée. Il traitait des études sur les fans américains de *Star Trek*, *Star Wars*, *the X-Files*, etc. L'une des idées que les chercheurs mettaient en avant était que le public de ces films ou de ces séries n'était pas un *destinataire passif* de la culture qu'il consommait - mais un *participant actif*. C'était un peu mon moment « eurêka ». Il y avait tant de similitudes avec les fans coréens de *manwha* ! J'ai mené mes recherches sur les femmes coréennes hétérosexuelles qui aiment lire des *yaoi*, des bandes dessinées avec des héros masculins homosexuels. On retrouvait ce schéma bien au-delà de la BD. Par exemple, les fans de *K-pop* écrivaient des histoires d'amour entre leurs musiciens préférés. Les boys bands les plus populaires, comme H.O.T. et Sechs Kies, comptaient respectivement cinq et six membres : autant d'opportunités de les mettre en couple dans des fictions en ligne (*fan-fiction*), dans des dessins (*fan-art*) ou des vidéos (*fan-vid*). Des rumeurs sur les gestes romantiques qu'avait tel membre du groupe envers tel autre membre du groupe circulaient - entretenues par les fans et jamais démenties par les agences derrière les stars - pour encourager davantage de fan-fictions.

***

En 2002, j'ai déménagé aux États-Unis où j'ai intégré un programme de doctorat pour approfondir ces sujets. Je pensais déménager dans un lieu qui ressemblerait à l'idée que j'en avais. Je n'étais pas prête pour le choc culturel qui m'attendait. Les cris dans les rues de Philadelphie de la part d'inconnus qui me hélaient pour me lancer : « J'aime tes cheveux ! » « *Hey sexy*... » Chez moi, je me fondais dans la foule. La plupart des femmes y avaient les cheveux noirs, longs et lisses, comme moi, tandis que dans mon nouveau quartier, c'était le premier indice de ma différence. Étudier à l'étranger représentait un tel privilège pour une femme coréenne que je n'avais pas compris la place dans laquelle cela me mettrait : celle d'une femme de couleur.

Je pensais apprendre à connaître les Américains, mais mes nouveaux amis venaient du Japon, de Taïwan, de Chine, d'Inde, d'Égypte et d'Allemagne. J'en suis venue à apprécier les différentes coutumes de tous ces pays. Je ne me posais pas trop de questions sur ma propre culture, trop occupée à composer avec les chamboulements d'un déménagement à l'autre bout du monde. Lorsque je rentrais en Corée, je lisais bien des articles sur la popularité de la culture coréenne dans les pays voisins, mais je n'y accordais pas beaucoup d'attention. J'imaginais qu'il s'agissait d'une exagération des médias coréens et que l'intérêt pour notre petite péninsule était anecdotique. J'avais complètement tort. La culture coréenne explosait dans toute l'Asie – pour la première fois de son histoire.

Mes amis asiatiques ont commencé à me demander plein d'informations sur des séries télévisées et des célébrités coréennes. Je me retrouvais face à un paradoxe : pourquoi ma culture, qui ne m'avait jamais fascinée, fascinait-elle soudain l'Asie toute entière ? Et que diable était donc cette « *coréanité* » dont tout le monde parlait ?

Les gens que j'ai interviewés sur les BD japonaises et coréennes m'ont confié qu'ils trouvaient que la culture coréenne dégageait quelque chose de « séduisant », « chaleureux », alors que la culture japonaise leur semblait « sèche », voire « aride ». Mes amis comparaient les séries coréennes aux *télénovelas* latino-américains et confessaient avoir un peu honte d'y être complètement addict. D'après Nancy Abelmann, une anthropologue américaine, le succès de la culture coréenne s'explique par le fait qu'elle manie avec brio une arme fatale : le mélodrame. Elle définit le genre comme « un excès de l'affect (le trop-plein, le trop-marqué) et de l'intrigue (des rebondissements étranges presque incroyables, des coïncidences, des connexions et des rencontres fortuites) ». Elle ajoute que la « sensibilité mélodramatique est omniprésente dans la Corée du Sud contemporaine » en raison de sa « transformation rapide ». Car en l'espace de quelques dizaines d'années, la Corée du Sud a connu une croissance exponentielle : c'est le « miracle du fleuve Han ». La péninsule est passée de 5 000 dollars de PIB par habitant en 1980, à 35 000 au début des années 2010 ! Le peuple a dû sacrifier beaucoup pour parvenir à un tel résultat aussi rapidement, et cela se ressent culturellement et socialement.

***

Je me demande toutefois si la nature mélodramatique de la culture coréenne n'a pas des racines plus profondes et plus anciennes. Cela me rappelle le sentiment familier, mais ambigu du *han* que les Coréens partagent historiquement, culturellement et personnellement. C'est un concept difficile à expliquer aux étrangers... Un article paru en 2011 dans le *Los Angeles Times* le décrit comme : « un sentiment global d'amertume, un mélange d'angoisse, d'endurance et de désir de vengeance qui met à l'épreuve l'âme d'une personne. C'est une condition marquée par une profonde tristesse et un sentiment d'inachèvement qui peut avoir des conséquences fatales. » Pour compliquer les choses, le *han* inclut également « un sentiment d'espoir, une capacité à supporter en silence les difficultés et la souffrance dans une nation relativement petite, marquée par une longue histoire d'invasions par des voisins plus puissants ». Dans son livre *The Wounded Heart of God*, Andrew Park, un professeur coréen américain, affirme que le *han* est « un phénomène prédominant parmi les groupes sociaux et les ethnies qui ont été opprimées pendant longtemps, avec peu d'espoir ».

Ce sentiment se retrouve dans de nombreux domaines de la culture coréenne. Pour prendre un exemple, une chanson populaire coréenne triste, *Arirang*, transmet le *han*. *Arirang* a de nombreuses variations chantées depuis des centaines d'années. L'une des plus connues raconte la colère d'une femme abandonnée par son amant : « L'amour qui m'a laissée ne marchera pas quatre kilomètres qu'il se blessera les pieds. » Le *han* se manifeste également dans la culture contemporaine. En 2010, *Strong Heart*, une émission coréenne, a attiré mon attention. Ce talk-show hebdomadaire, diffusé tard dans la nuit, avait pour slogan : « Seules les histoires fortes qui font battre les cœurs survivront ! » À chaque épisode, une vingtaine de célébrités étaient invitées à partager leurs histoires. La personne qui racontait l'histoire la plus captivante était nommée « Cœur fort » à la fin. Après avoir regardé quelques épisodes de l'émission, je réussissais à prédire quelle histoire allait l'emporter. Les gagnants partageaient généralement des histoires mélodramatiques teintées de poésie. En se rappelant leurs difficultés, leurs tragédies et leurs défis, ils cédaient souvent à l'émotion et touchaient le cœur du public. Je suis depuis convaincue que le *han* est l'un des concepts clé à comprendre pour saisir l'essence de la culture coréenne.

***

Après avoir terminé mon doctorat, j'ai remarqué que la vague coréenne était devenue à la mode dans le milieu universitaire. Le terme de *Hallyu* avait été inventé par la presse chinoise dans les années 1990 pour englober la popularité sans précédent de la culture pop coréenne en Asie de l'Est. La Chine, comme la Corée, pensait qu'il s'agissait d'une mode passagère, mais son succès a continué de déborder des frontières jusqu'à gagner l'autre bout du monde. Les *K-drama* ont initié la première vague, mais la seconde a été propulsée par la *K-pop* via les réseaux sociaux. SM Entertainment, la plus puissante société de divertissement en Corée, lance à l'époque un système pour former et manager ceux qui veulent devenir des stars. Toutes les agences finissent par les imiter. Elles investissent dans des jeunes talents et leur offrent une formation intensive pour chanter, rapper, danser, jouer la comédie et parler des langues étrangères. Dans ce système hautement compétitif, seuls quelques *trainees* (apprentis) débutent leur carrière dans un groupe d'idoles. Cette machine soigneusement rodée ne fonctionnerait d'ailleurs probablement dans aucune autre culture que celle de la Corée, car la forte éthique du travail, la grande importance accordée à l'éducation et la culture collectiviste forment un terreau unique. Ce vedettariat est devenu la norme, et les idoles ont porté la vague coréenne au-delà de ses origines asiatiques.

La promesse de la *Hallyu* attire toujours les jeunes Coréens. Rejoindre un groupe d'idoles est perçu comme une alternative à l'éducation pour la mobilité sociale. Alors que les jeunes de ma génération étaient obligés d'étudier très dur - parfois à en mourir - pour s'assurer à soi et à sa famille un avenir meilleur... La jeune génération meurt - parfois littéralement - d'envie de devenir une idole de *K-pop*.

***

En 2009, j'ai reçu un courriel pour un projet de livre sur la *Hallyu*. Comme je suis spécialisée dans les études d'audience, j'ai proposé de réaliser une étude de cas sur une communauté en ligne de fans de la culture populaire coréenne. Je m'attendais à trouver un fan-club japonais, taïwanais ou chinois. Mais en cherchant un peu, je suis tombée sur un groupe Facebook de fans principalement égyptiennes. Les noms étaient écrits en arabe et des femmes portant le hijab peuplaient les photos de profils. Cela m'a énormément surprise. À l'époque, je n'avais même pas conscience que la culture coréenne était populaire au Moyen-Orient. Approfondir la recherche a été un défi. Il n'existait pas de littérature universitaire sur le sujet. Je ne trouvais que des articles journalistiques qui évoquaient la popularité de la culture coréenne dans la région.

Un peu par hasard, je suis devenue pionnière dans la recherche sur le phénomène transculturel autour de la *Hallyu*. J'ai rejoint le fan club et j'ai commencé à observer les interactions entre les membres. J'essayais de comprendre leur *fandom* du point de vue d'un initié. En lisant ce que les fans du Moyen-Orient disaient de la *K-culture* en ligne, je trouvais de nombreuses similitudes entre eux et les fans de mes précédentes recherches. Je ne possédais pas beaucoup de connaissances préalables sur la culture arabe, mais cela n'avait presque pas d'importance. Ce groupe Facebook m'était finalement très familier. Il s'agissait d'une communauté très active qui s'était aventurée en ligne pour en apprendre plus sur une culture étrangère. Ces femmes, avides d'explorer la culture pop coréenne au-delà de ce qu'elles étaient officiellement autorisées à consommer dans leur pays, s'étaient fait des amies en ligne – d'autres fans qui partageaient les mêmes idées qu'elles. Elles échangeaient des informations, elles recommandaient leurs émissions préférées, elles se réunissaient hors-ligne, elles regardaient des choses ensemble – souvent virtuellement –, elles partageaient ce qu'elles aimaient de la culture et du peuple coréen et elles apprenaient la langue coréenne.

Par-dessus tout, je me suis immédiatement sentie solidaire de ces femmes, ces sœurs arabes qui vivaient en marge dans leurs pays post-coloniaux. Je me suis rendue compte que cette partie du monde entretenait des échanges économiques et culturels actifs avec la Corée depuis les anciennes dynasties de la péninsule. À partir des années 1970, la Corée a fourni des ressources techniques et humaines pour accompagner le boom de la construction au Moyen-Orient, et en retour, les nations arabes ont partagé leurs ressources naturelles. Je constatais toutefois une rupture entre le souvenir de mon enfance, peuplé des *Mille et une nuits*, et la représentation stéréotypée que les médias donnaient de la région comme d'une zone de guerre dangereuse.

En observant les fans du groupe, j'ai continué de voir des similitudes, cette fois-ci culturelles : les liens familiaux forts, le respect des anciens, l'expression excessive des émotions... Les fans du Moyen-Orient semblaient se retrouver bien plus dans la culture coréenne que dans la culture occidentale. En 2014, j'ai lu une interview de deux fans, des sœurs jumelles palestiniennes, dans le *Chosun Ilbo*, un quotidien national coréen. L'une des jumelles expliquait qu'elle pleurait beaucoup lorsqu'elle regardait des *drama* coréens car ils faisaient resurgir des « sentiments humains, qu'on oublie en raison de la dure réalité en Palestine ». Sa sœur ajoutait : « Je sais que la Corée a souffert de l'occupation japonaise au début du XXe siècle, comme nous. Je pense que c'est un point commun qui me fait me sentir proche de la *Hallyu* ». J'ai pu sentir leur *han* dans cette interview et pour moi, cela expliquait pourquoi elles se sentaient liées à la culture coréenne bien qu'elle leur soit étrangère.

***

En 2010 et 2011, j'ai eu l'occasion de donner des cours de culture populaire coréenne. À ma grande surprise, j'étais vraiment vieux jeu sur la *K-pop* par rapport à mes étudiants américains. J'ai assigné un article de recherche sur Seo Taiji and the Boys en pensant être dans l'esprit du temps... Sauf que mes étudiants suivaient déjà la *deuxième* génération de groupes d'idoles, à savoir TVXQ!, Super Junior, Big Bang, Girls' Generation et Wonder Girls, qui ont débuté entre 2004 et 2008.

Puisqu'ils étaient plus renseignés que moi sur la *K-pop*, je leur ai plutôt donné des clés pour comprendre le reste de la culture coréenne. Je leur ai par exemple fait lire des témoignages de femmes de réconfort, des femmes et des filles coréennes qui ont été forcées de servir d'esclaves sexuelles pendant la Seconde Guerre mondiale sous la domination coloniale japonaise. Mes étudiants ont été choqués et attristés d'apprendre le traitement inhumain de ces femmes pendant et même après la guerre. Je leur ai également montré le film *Crossing*, l'histoire tragique d'un transfuge nord-coréen et de son fils. Il n'y avait ni père super-héros, ni fin heureuse comme dans les films hollywoodiens. « Je n'ai jamais vu un film aussi déprimant ! », s'est écriée une de mes élèves en sortant de la classe. Elle pensait qu'il y aurait une rédemption au bout de toutes ces souffrances. Mais les films coréens ne parlent pas de fantaisie, seulement de réalité brutale. Pendant les quelques semaines où nous avons discuté de l'histoire moderne de la Corée, le cours a pris une tournure sombre voire déprimante. Je me suis excusée auprès des élèves pour la nouvelle ambiance, mais je ne pouvais pas changer l'Histoire.

Je crois que cette classe nous a tous beaucoup appris. Mes élèves découvraient qu'il existait un envers au décor. De mon côté, j'avais réalisé qu'il y avait de nombreux points d'entrée dans la culture coréenne pour les non-Coréens qui voulaient s'y initier. Beaucoup avaient fait la passerelle depuis la culture japonaise. Rien de vraiment surprenant : la culture japonaise est depuis la Seconde Guerre Mondiale très présente en Occident. Un étudiant m'a raconté qu'en regardant des vidéos de musique *J-pop* sur YouTube, il était tombé de fil en aiguille sur le morceau *Gee* de Girl's Generation et était devenu accro. Un autre étudiant m'a raconté qu'il avait rencontré des Coréens en jouant à *StarCraft* et que cela l'avait rendu curieux de leur culture. Le jeu était très populaire en Corée, donc cela ne m'a pas vraiment surprise non plus. Ma sœur, mon beau-frère et mes neveux y jouaient souvent et les meilleurs joueurs au monde étaient coréens. Tous les grands évènements se déroulaient à Séoul ou Busan. Mes étudiants asiatiques ou hispaniques se sentaient à l'aise avec la culture coréenne parce qu'ils avaient grandi dans des familles nombreuses et des communautés très unies, où les gens se réunissaient et partageaient leur nourriture tout le temps, comme les Coréens. Certains de mes étudiants aimaient tellement cette culture qu'ils avaient l'intention de s'installer en Corée après avoir obtenu leur diplôme. Je trouvais un peu ironique pour moi de leur écrire des lettres de recommandation pour qu'ils trouvent un travail dans mon pays d'origine alors que je cherchais à obtenir le statut d'immigrante dans le leur. J'ai d'ailleurs finalement obtenu ma *green card* grâce à mes recherches sur la vague coréenne au Moyen-Orient.

***

En vivant en Amérique, j'ai réalisé qu'il y avait un grand écart entre l'imaginaire que j'avais construit sur des fictions, et la réalité du quotidien. Je n'avais pas non plus réfléchi à comment je serais perçue par les autres : de manière différente, stéréotypée. C'est sûrement pour cela que je me suis tant attachée à la culture coréenne aux États-Unis. Un jour, une amie coréenne m'a gravé quelques *drama* japonais sur un DVD et me les a envoyés. Même s'ils n'étaient pas coréens, je me sentais plus proche de ce contenu que des séries américaines. C'était comme retrouver la lumière au bout d'un tunnel. Prendre une immense bouffée d'air frais. Ce sentiment m'a collé à la peau pendant un certain temps et il est devenu important pour moi de retrouver mes racines et de protéger cette identité culturelle dans un pays où tout m'était étranger.

Sauf que mes racines n'ont jamais été seulement coréennes. Elles ont toujours été multiples – avec des influences venues du Japon, de l'Amérique, de la Chine ou de l'Europe.

Je suis allée voir le film *Les Quatre Filles du Docteur March* (2019) au cinéma avec une amie américano-irlandaise. L'histoire m'a complètement ramenée en enfance ! Mon amie a été très surprise lorsque je lui ai raconté que j'avais lu le roman original et regardé le dessin animé japonais quand j'étais petite fille en Corée. Nous avions grandi à l'autre bout du monde, mais nous partagions un bout de culture. Un même souvenir.

Il m'a fallu du temps pour réaliser cela. Dans mes recherches. Dans ma vie personnelle. Je me suis rendue compte qu'il ne s'agit pas d'opposer les cultures, qu'elles se parlent, se mêlent, s'hybrident.

Il y a quelques mois, je cherchais un DVD dans une bibliothèque de la banlieue de Chicago. Une jeune étudiante musulmane qui rangeait les rayons l'a attrapé pour moi et s'est retournée. Je n'ai pas pu m'empêcher de sourire. Son sweat à capuche arborait le gros logo du groupe de *K-pop* des Super Junior. Un court instant, la Corée m'a rattrapée au cœur de l'Amérique. Et soudain, j'étais de retour chez moi.

Chapitre 2

Manger

Benjamin Joinau
Français,
51 ans

Parmi les expatriés français à Séoul, peu sont ceux qui n'ont jamais entendu parler de Benjamin. Présent en Corée depuis les années 1990, il a tenu un restaurant français au sud d'Itaewon, donné des cours à l'université Hongik, animé une émission de télévision pour Arirang et ouvert sa propre maison d'édition - celle qui publie justement ce livre.

Au détour d'une conversation où je lui expliquais l'avancement de mon projet, il a commencé à me raconter l'aventure surprenante qui lui est arrivée au cours de l'un de ses voyages. Je lui ai demandé de l'écrire.

Kimchi ! Souriez, vous êtes filmé

par

Benjamin Joinau

Imaginez le pays le plus isolé du monde, où les touristes sont acceptés au compte-goutte. Un royaume himalayen qui aurait gardé intact ses traditions millénaires et dont le PNB serait un Produit National... de Bonheur : le Bhoutan. C'était bien le dernier endroit de la planète où je m'attendais à être une star.

Lors d'un trek vers un monastère, sur les pentes abruptes, nous croisions parfois des touristes à pied ou à dos de mulet accompagnés de leur guide. Puis plus rien. Juste l'immensité des sommets au-dessus de nous, un aigle dans le ciel parfaitement bleu, et la vallée en contrebas qui devenait minuscule, serrée autour de sa petite rivière. Là-haut, dans une saillie gigantesque sur le flanc de la montagne, aussi grand qu'un pois, le monastère se dressait fièrement en équilibre au milieu de ses fanions. Et puis soudain :

- Benjamin! *Hey, this is you*! Benjamin!

Un guide avec son groupe apparaît à la croisée d'un sentier, en surplomb du nôtre. L'ai-je déjà croisé ailleurs ? Je ne le reconnais pas. Je reprends mon souffle (j'ai déjà du mal à grimper au niveau de la mer, alors à plusieurs milliers de mètres d'altitude, cette montée est un calvaire). Mais pas assez rapidement pour pouvoir répondre.

Il passe en vitesse sans s'arrêter et me lance :

- How are you? Nice to see you here!

Ivresse des sommets ? Mirage ? Je continue l'ascension avec mes amis aussi surpris que moi.

Plus tard, nous traversons un village. Un hameau, dirais-je. Enfin, une agglomération de montagne bhoutanaise. Cela me rappelle un village mongol en plus simple : une rue principale en terre battue autour de laquelle sont alignés des commerces presque vides dans des maisons de fortune. Un sentiment de Far West. Ce n'est pas le shérif qui sort du saloon, mais un commerçant bhoutanais qui, me voyant passer avec mes amis, sort en hurlant de sa boutique :

- Benjamin! Benjamin! *Come, come*!

Je suis interloqué. Je m'approche de lui alors qu'il hurle à la cantonade :

- *Tasty Trail with Benjamin! Oh my God! What are you doing here?!*

Je n'en crois pas mes oreilles, mais je commence à comprendre. *Tasty Trail with Benjamin* est le nom du show télévisé que j'anime sur la chaîne coréenne en anglais, Arirang. Comment diable est-ce arrivé ici ?

Le commerçant apparemment enchanté m'entraîne dans sa boutique pour que je rencontre sa famille. Ils sont tous groupés timidement, le sourire aux lèvres, derrière le comptoir de leur droguerie au milieu des bassines en plastique pastel et de la vaisselle en métal émaillée. Sa femme est une fan, elle ne manque aucun épisode de l'émission. Je pose pour des photos, signe des autographes, sans avoir le temps de réaliser. Mes amis sont morts de rire.

Je comprendrai plus tard : la télévision, interdite dans le pays par le roi pour protéger son peuple des méfaits de la civilisation occidentale, était finalement arrivée quelques années plus tôt avec les téléphones portables. Les Bhoutanais s'étaient mis à regarder avec passion cette fenêtre sur le monde extérieur. Ils avaient encore peu de chaînes étrangères, surtout des chaînes indiennes, et Arirang était d'un exotisme fascinant en ces temps de *Hallyu* conquérante. Celle-ci s'était invitée jusque dans leurs échoppes où je me souviens avoir vu des posters de stars de *K-pop* accrochés sur les murs blancs ou pastel. Ils sautaient aux yeux avec leurs couleurs et leurs textes en *hangeul* dans ces petites boutiques sans autre décoration.

Pendant ce séjour surréaliste en 2014, j'ai découvert à quel point la population regardait avec fidélité mon programme. Restaurants, magasins, rue et même sentiers de montagne, j'étais une star aux quatre coins du pays. Un jour, un hôtelier, nous voyant quitter son établissement mécontents car l'agence de voyage nous avait mis dans une chambre de catégorie inférieure à celle que nous avions payée, me supplia de rester même gratuitement. Cela aurait été un honneur pour lui d'avoir « Benjamin from Tasty Trail » dormir chez lui...

Je n'en revenais pas d'à quel point il semblait normal à toutes ces personnes de me voir en randonnée dans leurs montagnes. Je ne savais pas si c'était la culture bhoutanaise qui dictait de réagir avec indifférence en apercevant une personne de la télévision se balader dans les hameaux reculés de l'un des pays les plus isolés au monde, ou s'il se jouait là un effet particulièrement fort de la mondialisation – où tout ce qui est loin semble intimement près. Je n'étais d'ailleurs plus Benjamin Joinau. Je représentais la Corée pour les Bhoutanais, ce qui est absurde puisque je ne suis pas coréen.

J'ai senti que quelque chose m'échappait dans toute cette situation, mais cela m'a fait prendre conscience de la responsabilité dont m'avait investi l'émission. La culpabilité que je ressentais me fit réaliser qu'on n'est pas star quelques heures par jour et pour le meilleur, mais en toute circonstance – ou, dans mon cas, tant que j'étais au Bhoutan ! De retour en Corée, j'ai regagné mon anonymat avec soulagement et ce n'est que parfois, dans des aéroports internationaux où je croisais par hasard des téléspectateurs suivant notre programme, que je me suis souvenu avoir été un jour, quelque part, une « star »...

***

J'ai été contacté pour *Tasty Trail* par la chaîne Arirang au début des années 2010. En Corée depuis plus de quinze ans et propriétaire d'un restaurant français connu à Séoul, j'avais écrit un certain nombre d'ouvrages et d'articles sur la culture coréenne et j'avais été invité dans de nombreuses émissions de télévision. Je n'étais pas célèbre, mais en tant qu'étranger maîtrisant bien la langue et la culture, à l'aise avec les médias, j'étais connu et souvent sollicité. J'entretenais une relation ambigüe avec le monde de la télévision qui ne me correspondait pas dans son traitement de l'information souvent trop court ou superficiel, mais dont je me servais à l'occasion pour promouvoir mes activités. Je ne voulais pas faire carrière, mais je m'amusais parfois.

La Corée des années 1990 et 2000 fut une sorte de *frontier* comme a dû l'être l'Ouest américain - avant l'afflux des étrangers passionnés de Corée et maîtrisant parfaitement sa langue. Tout y était possible, et sans rien demander. Pour peu que vous parliez coréen, on venait vous chercher pour toutes sortes de projets qui vous emmenaient loin de votre zone de confort, pour le meilleur ou pour le pire. Il régnait alors un sentiment presque envoûtant de « *Just do it* », l'esprit du slogan de Nike mais aussi de l'ethos sud-coréen, où les envies devenaient vite des réalités. S'ils acceptaient un lot de discriminations injustes à leur égard, les étrangers obtenaient en contrepartie les opportunités hallucinantes que la *Dynamic Korea*[1] offrait aux bonnes volontés. Mené ainsi, loin de la recherche et de l'ensei-

1. Le slogan anglais *Dynamic Korea* est choisi en 2001 par le Gouvernement pour représenter l'image de la Corée lors de la Coupe du monde et des Jeux asiatiques.

gnement qui ont toujours été au cœur de mon parcours, j'étais devenu entrepreneur, journaliste, homme de médias…

Un beau jour, je suis devenu « Monsieur Gastronomie coréenne », l'étranger que l'on invite pour en parler dans les médias. J'ai même plaidé la cause de la *K-food* devant le président de la République Lee Myung-bak à la demande du ministère de l'Agriculture. J'ai donné de nombreuses conférences, et aussi participé à un colloque organisé par l'Assemblée nationale sur le sel de mer coréen… Je ne sais plus très bien comment tout cela s'est fait.

Il est vrai que je m'intéressais de manière de plus en plus spécialisée à la gastronomie coréenne, certainement du fait de ma formation d'anthropologue. Je voulais aller au-delà de ses plats phares - le *bibimbap*, le barbecue ou le kimchi -, qui n'en représentent qu'une petite portion assez récente, car, pour la plupart, ils ne sont apparus dans leur forme actuelle que dans la seconde moitié du XXe siècle. Historiquement, la cuisine coréenne s'articule plutôt autour du sel, de produits saumurés et fermentés. En effet, rien ne pousse en hiver dans le nord de la péninsule et il fallait trouver un moyen de conserver les aliments. L'accompagnement central, un riz blanc fade a donc toujours représenté un élément important de l'équilibre alimentaire, car cette céréale nourrissante vient parfaitement compenser l'excès de sel dans la soupe et les plats d'accompagnement.

Cet équilibre qui repose sur la fadeur m'a souvent frappé : les Coréens n'aiment pas tellement les aliments qui ont un goût (une flaveur) trop prononcé. Les cuisiniers vont tout faire pour cacher la saveur, ou « l'odeur », de la viande de porc ou de canard. Ils aiment les poissons crus sans trop de goût - plutôt les chaires blanches que le saumon ou le thon. Ils mangent avec délice la croûte de riz. Et contrairement à leurs voisins chinois ou japonais, ils n'apprécient guère le shiso, la coriandre ou le poivre de Sichuan qui sont pourtant des plantes indigènes. Leur plaisir gustatif repose plus sur un mélange de textures et de sauces relevées (à l'inverse des Français qui aiment la flaveur des aliments, c'est-à-dire le mélange du goût et de l'odeur, et particulièrement la saveur préservée des ingrédients dans la grande cuisine).

Il est difficile de mettre le doigt sur le concept exact qui peut résumer toutes les subtilités de la cuisine coréenne et son évolution – jamais rien ne s'explique par un seul facteur. Il a en tout cas fallu du temps pour que sa cuisine blanche et plutôt fade (salée, mais avec relativement peu de parfums) devienne, à partir du XVII-XVIIIe siècle une cuisine rouge et très épicée. Il a été avancé que le piment s'est vraiment démocratisé au XXe siècle, et qu'on l'utilisait pour ses vertus antiseptiques dans les régions les plus chaudes et humides comme le Jeolla-do. Il venait aussi couvrir le goût des viandes fortes, le cochon de ferme par exemple, et l'on avait aussi besoin de ses vertus pour booster l'organisme, car le piment contient dix fois plus de vitamine C que l'orange !

Mais il faut aussi voir un phénomène culturel derrière cette mutation, l'explication fonctionnaliste n'étant jamais satisfaisante à elle seule. Probablement que l'épicé-rouge était une manière pour la cuisine populaire de se démarquer et de s'affirmer face à la cuisine blanche-fade aristocratique. L'opposition capitale-province a probablement également joué un rôle. Puis s'est produite l'explosion de la consommation du sucre vers les années 1980. Ce dernier est venu compenser le sel et le piment dans les sauces et les ragoûts et s'est développé en lien avec l'industrialisation de la cuisine coréenne.

Tout cela a contribué à changer radicalement, au XXe siècle, la gastronomie coréenne *mainstream*, pour donner ce que nous connaissons aujourd'hui et qui est certainement très, très différent de ce que l'on mangeait sous le Joseon.

***

En parallèle de mes explorations théoriques, je me passionnais aussi pour les *namul*, les plantes sauvages ou semi-sauvages qui poussent autour des habitations, dans les prés, les champs, ou dans les forêts et les sous-bois. Dans ma maison de campagne, j'apprenais le nom des plantes, leurs usages, je les cuisinais, aidé de mes voisines âgées. J'ai fait des centaines d'essais de kimchi, de saumures, et même d'alcools traditionnels comme le makgeolli. Je fabriquais ma sauce soja, ma pâte fermentée de soja, ma pâte de piment fermenté...

Avec le temps, je commençais à développer un savoir pratique et technique qui se perdait de plus en plus auprès des Coréens eux-mêmes, reléguant ces pratiques domestiques aux cuisines féminines et maternelles de la campagne. D'ailleurs les jeunes générations à l'époque s'intéressaient plus à la cuisine étrangère et à la fusion qui modernisait les recettes qu'à la tradition elle-même. Mais l'apparition du courant de la *K-food*, en particulier sous l'administration Lee Myung-bak[2], a changé la donne... La Corée a commencé à s'exporter aussi par sa cuisine. Les grands groupes ont alors réalisé l'importance de ce secteur industriel et la gastronomie coréenne est ainsi devenue un nouvel outil de soft power.

Il est intéressant de constater encore une fois combien le regard et le désir de l'autre sont importants dans les phénomènes de constitution identitaire, même au niveau collectif. C'est par la médiatisation d'étrangers comme moi, qui développaient une passion sincère pour la cuisine coréenne, que les Coréens (re)découvraient ses qualités et son caractère unique. Il fallait passer par ce regard extérieur pour transformer en fierté un

2. En avril 2009, sa femme et lui lançaient une campagne dont l'objectif était de quadrupler le nombre de restaurants coréens à l'étranger d'ici à 2017 (un relatif succès) et dédiait l'équivalent de 8,5 millions d'euros à la recherche et à la formation des cuisiniers coréens.

élément culturel banal, quotidien, un peu méprisé même (le kimchi était déjà une « nourriture nationale », mais les Coréens avaient toujours des complexes par rapport aux gastronomies chinoises et japonaises, qui monopolisaient l'intérêt étranger par leur raffinement). L'exportation des films (*Le Grand Chef*, 2007, et *Le Grand Chef 2 : the Kimchi Battle*, 2010) et des *drama* comme *Dae Jang Geum* (2003-2004) – dont le succès a ressuscité la cuisine royale coréenne – a aussi joué son rôle, tout comme le manhwa *Sikgaek* en Corée, avec ses épisodes sur tous les grands produits alimentaires et les plats du pays.

J'ai donc été un des rouages de cette mécanique qui a transformé une gastronomie méconnue, considérée comme rustique et sans identité forte en un nouveau phénomène planétaire. Je me souviens de la visite de critiques gastronomiques français qui se passionnaient soudain pour la *K-food*, comme Claude Lebey ou François Simon. Ce dernier déclarait alors que la cuisine coréenne serait la prochaine grande gastronomie à la mode.

C'est ainsi qu'une équipe d'Arirang est venue me voir dans mon restaurant. J'avais alors décidé de ne plus faire de télévision, hormis des interviews. J'étais très réticent, car je savais que les médias coréens formataient ce que nous devions dire, aplatissant toute tentative d'explication en « finesse », rebattant les clichés dans des programmes produits à un rythme stakhanoviste et sous-payés. Ils ont insisté, ils m'ont rassuré : nous avions le soutien financier du ministère de l'Agriculture qui nous donnait carte blanche, n'imposant que les thèmes généraux de chaque épisode. Nous aurions donc une bonne équipe pour tourner dans des conditions optimales pour la Corée : trois ou quatre jours de tournage pour chaque épisode de vingt-cinq minutes, une rotation de deux réalisateurs, deux caméramans, une séquence d'ouverture filmée avec une caméra sur Louma (grue), une maquilleuse, une équipe de deux scénaristes… On me garantissait que j'aurais champ libre pour mes commentaires (de toute manière, l'équipe de tournage ne parlant guère anglais, langue d'enregistrement, il n'y avait personne pour me censurer en amont), et le droit de refuser les endroits qui ne me plairaient pas. Nous devions en effet explorer les quatre coins du pays en visitant les marchés, les producteurs, les restaurants connus et les artisans renommés pour présenter non seulement la cuisine locale, mais aussi la culture qui l'accompagne. Je me suis laissé convaincre et ce fut une expérience extraordinaire qui m'a forcé à revenir sur les routes de Corée, près de quinze ans après avoir rédigé le premier *Petit Futé Corée*. Je redécouvrais un pays en pleine transformation, des gens passionnés, et sur les routes, des touristes étrangers qui demandaient que des dégustations spécifiques soient incluses dans leur périple. J'ai des souvenirs merveilleux de notre équipe de tournage sur ces vingt-cinq épisodes tournés sur deux saisons.

Par exemple celui d'un restaurant dans une *hanok* (une maison traditionnelle) magnifique, vieille de quatre ou cinq cent ans, dans un petit village près de la ville de Gangneung. Elle se cachait au milieu des rizières derrière la plage de Gyeongpodae, dans un tout petit hameau aussi joli que perdu. La patronne avait gardé les recettes familiales, jusqu'à aller chercher dans la forêt juste derrière les plantes qu'il lui fallait pour cuisiner et faire l'alcool d'aiguille de pin. Les goûts étaient délicieux et étonnants, même si les saveurs des plats n'étaient pas toujours aussi aisément séduisantes pour des palais non aguerris que celle des *tteokbokki* (gâteaux de riz dans un sauce piquante sucrée-salée) ou du *galbi* (bœuf mariné dans de la sauce soja sucrée et aillée) proposés à Séoul.

Il y avait aussi quelque chose de fascinant à plonger dans la culture coréenne clanique qui reste encore vivante, même si elle tend à changer, voire à disparaître. Cette maison aristocratique était celle qui revenait au fils aîné de la branche principale du clan (*jongga*). C'est un héritage très lourd à porter. On répète toujours aux femmes qu'il ne faut jamais épouser un fils aîné de la *jongga* – car les épouses doivent porter des responsabilités écrasantes et se retrouvent obligées de cuisiner plusieurs fois par an des tables gigantesques de nourriture pour les réunions de famille et les cérémonies aux ancêtres du clan.

***

Notre programme a eu son petit succès, il a même été diffusé sous-titré sur des chaînes coréennes, et plusieurs fois reprogrammé sur Arirang. Quand je le regarde aujourd'hui (ce que j'avais refusé de faire à l'époque), je suis occis – je vois bien que je ne suis pas fait pour ce métier ! Mais si je déteste mon image, ma voix, mon accent, je reste fier de ce que la production et moi avons pu faire. Car je sais, au-delà de l'expérience anecdotique du Bhoutan, que nous avons touché des personnes au loin. Au-delà de la propagande nationale propre à la chaîne, il y a eu des rencontres qui m'ont fait sentir que la *Hallyu* était un phénomène social, culturel et humain bien plus intéressant que le soft power à visée commerciale auquel elle est souvent résumée.

Cette vague parle de notre époque de globalisation : elle montre comment l'impérialisme américano-occidental, l'européano-centrisme et les autres anciens monopoles continentaux sont mis à mal par des cultures comme celle de la Corée, autrefois perçues comme périphériques. Ces nouveaux centres créatifs trouvent un écho incroyable grâce aux nouvelles technologies de communication. La *Hallyu* est un phénomène transnational qui a en partie échappé à ses producteurs coréens, ses institutions comme à ses acteurs privés. Elle a des effets surprenants, comme on a pu le voir lors de la campagne présidentielle américaine de 2020, où les fans de BTS se sont invités de manière inopinée[3] et ont montré leur agentivité politique.

Au travers de leurs produits culturels, les Coréens touchent des populations inattendues, très loin de leur sphère d'origine. Les *drama* aux valeurs familialistes traditionnelles parlent autant aux Asiatiques qu'aux Moyen-Orientaux, et la *K-pop* fait danser de Paris à Melbourne. On mange coréen dans les grandes villes, mais aussi en province, et les épiceries en ligne se multiplient, pendant que les restaurateurs coréens font leur entrée dans les guides Michelin de France, New York et Séoul. Je me souviens d'échanges par Messenger avec des fans de *Tasty Trail* qui rêvaient au *bibimbap* depuis la campagne du Costa Rica ou la steppe de Sibérie. J'ai eu des échanges très touchants avec une jeune femme et sa mère qui, en Iran, regardaient religieusement le show pour s'évader d'un pays qu'elles ne pouvaient pas quitter. Que consommaient-elles alors comme imaginaire ? Je sentais bien que la nourriture n'était qu'un prétexte. Il y avait une curiosité magnifique pour cet Autre exotique qu'est la Corée, une altérité certes fantasmée, mais offrant une alternative aux produits culturels occidentaux dominant traditionnellement le marché mondialisé. Enfin, un regard sur l'Asie venait de l'Asie elle-même et était réapproprié aux quatre coins du monde.

J'ai donc participé à la *Hallyu* institutionnelle, mais j'ai vite pu constater que la cuisine coréenne ne m'appartenait pas plus qu'elle n'était le bien propre des Coréens. Comme la pizza italienne ou la baguette française, elle s'est émancipée pour deve-

3. Via une action coordonnée sur les réseaux sociaux, notamment sur TikTok, des fans de *K-pop* ont réservé des milliers de tickets pour un rallye du président américain Donald Trump à Tulsa, dans l'Oklahoma, sans avoir l'intention de s'y rendre. Alors que son cabinet de campagne vantait la participation de près d'un million de participants en amont de l'événement, l'affaire s'est terminée par un discours du candidat devant 6 200 supporters, plus du double de sièges vides... et par une humiliation médiatique.

nir un bien commun, en passe de devenir un patrimoine transnational. Ma légitimité d'homme blanc transmettant la Bonne Parole du kimchi ne fut donc que transitoire. Nous avons bien fait de nous arrêter après deux saisons, commençant à peiner à trouver de nouveaux sujets. En discutant avec les spectateurs de Téhéran ou de Thimphu, j'ai bien vu que la *Hallyu* n'a fait que passer par moi, comme un virus se sert de son hôte, pour aller plus loin et toucher plus de monde... jusque dans les montagnes reculées bhoutanaises.

Chapitre 3

Accepter

Leanna French
Américaine,
24 ans

J'ai rencontré Leanna sur le canapé de ma nouvelle coloc à Séoul. Elle vivait dans la chambre à côté de la mienne, pourtant il m'a fallu plusieurs mois pour apprendre à la connaître et découvrir son histoire. Comme Leanna vit la nuit, ce chapitre est né de conversations tardives, souvent ponctuées de rires autour d'un bol de ramen fumant.

Un soir, elle m'a raconté comment elle avait été adoptée en 1997 par un pasteur et sa femme, comment elle a grandi dans l'Ohio et n'a pas tellement été curieuse de son héritage. Jusqu'au jour où sa sœur et elle ont mis la main sur un disque : une compilation de chansons de K-pop…

Adopter sa différence

par

Leanna French

Je crois que j'avais neuf ou dix ans la première fois que j'ai écouté de la *K-pop*. Une amie de ma sœur, qui voyageait souvent à Hong Kong, nous ramenait toujours un petit souvenir de l'autre bout du monde. Cette année-là, elle est revenue avec un CD.

Ma sœur Naomi et moi n'avions jamais entendu parler de musique coréenne, encore moins de *K-pop*. Nous en sommes tombées amoureuses. Nous écoutions le disque en boucle, car, à l'époque, nous n'avions que celui-là avec sa dizaine de titres de plusieurs groupes différents, comme les Super Juniors ou Big Bang, gravés dessus. Je me souviens que nous nous asseyions dans le placard en secret pour que nos frères et sœurs ne nous entendent pas.

L'été suivant, l'amie de Naomi nous a rapporté un magazine de mode japonais avec l'un des plus grands noms de la *K-pop* en couverture : TVXQ!. Des photos des membres du groupe remplissaient le magazine. Leur beauté me fascinait et leur style efféminé m'était complètement étranger. Leurs lèvres étaient si roses et brillantes ! Ils ne ressemblaient à aucune des personnes que j'avais pu voir jusque-là. Naomi et moi avons tourné les pages du magazine avec précaution des centaines de fois et avons accroché l'affiche pliante de Max, un membre du groupe, sur la porte de notre placard. J'ai encore ce magazine aujourd'hui.

Je n'ai pas réalisé combien la *K-pop* avait affecté ma jeunesse pendant des années. Cela me semble évident maintenant : voir des personnes qui me ressemblaient chanter et danser sur de grandes scènes, applaudies et encouragées par les cris de milliers de fans, m'a aidée à réaliser qu'être différente n'était pas une mauvaise chose. Je ne suis pas sûre que cela ait été aussi évident si je n'avais pas eu la chance de les découvrir.

***

Ma sœur et moi avons toutes les deux été adoptées bébés. Mes parents avaient rencontré un couple qui avait effectué les procédures en Corée – et cette conversation leur avait donné envie d'un nouvel enfant. C'est comme cela qu'ils ont adopté Naomi en bas-âge. Avec quatre loupiots, mes parents pensaient qu'ils avaient fini d'agrandir la famille. Seulement, un an et demi plus tard, ma mère continuait de ressentir qu'il manquait quelqu'un.

Comme elle était plus proche de la quarantaine que de la trentaine, un enfant biologique n'était plus vraiment une option. Mes parents ont donc décidé de candidater dans une autre agence d'adoption coréenne pour un enfant de moins d'un an. Cela a été assez vite : on leur a annoncé « ce sera une fille ! » et je suis arrivée.

Notre famille a toujours été une étrange exception dans le voisinage. Nous avons tous les huit grandi dans la même maison, mes parents, leurs trois enfants biologiques, mon frère adoptif russe, ma sœur coréenne et moi. Encore plus inhabituel, nous sommes tous diplômés de la même université.

La banlieue dans laquelle j'ai grandi ressemble à l'Amérique des années 1950. Très peu de minorités y vivaient. J'étais au lycée lorsque le collège a accueilli l'un des premiers étudiants noirs de la ville. Ce n'était pas parce qu'il était interdit d'avoir des étudiants noirs dans les établissements, c'était tout simplement parce qu'aucune famille issue de minorités ne vivait dans notre banlieue blanche à l'époque.

Enfants, Naomi et moi ne voulions pas vraiment en apprendre plus sur la Corée, même si ma mère nous répétait toujours gentiment que c'était normal si nous étions intéressées par nos racines. Apparemment, beaucoup d'enfants adoptés n'osent pas exprimer leur curiosité parce qu'ils ont peur de la réaction de leurs parents. Il y a d'ailleurs des colonies de vacances organisées un peu partout en Amérique pour les adoptés coréens : l'idée est de se rassembler, d'en apprendre plus sur la culture de son pays d'origine. Mais il n'y en a jamais eu près de là où nous avons grandi.

Ma sœur et moi ne connaissions la Corée qu'à travers le paragraphe de définition du pays qu'il y avait dans l'une des encyclopédies de la bibliothèque du salon et quelques faits de la guerre de 1950-1953 (vus à travers le prisme américain). Nous avions aussi un livre sur l'adoption, avec quelques photos, que ma mère avait acheté. À l'époque, Youtube venait à peine de naître, il n'y avait pas beaucoup d'informations à propos de la Corée sur Internet.

C'est d'ailleurs totalement incroyable que j'aie été exposée si tôt à la *K-pop* lorsque l'on connaît ma famille. Mes parents étaient plutôt stricts quand j'étais petite. J'ai grandi en écoutant le rock de leur jeunesse, les comédies musicales de Broadway et de la musique classique que j'ai apprise à jouer au piano. La *K-pop* a fini par être autorisée simplement parce que personne n'en comprenait les paroles.

***

Le temps a filé et la popularité de la *K-pop* a commencé à grandir. Dans notre petite ville, cependant, les choses restaient les mêmes. Il n'y avait toujours personne pour partager cette passion niche que Naomi et moi cultivions à la maison comme un jardin secret. J'ai toujours trouvé que 2005-2006 était l'époque parfaite pour découvrir la *K-pop*, malgré un accès encore très limité. Nous avions l'impression d'être des pionnières car il fallait faire de gros efforts pour obtenir plus d'informations et de matière (disques ou magazines) depuis les États-Unis.

Il m'a fallu attendre trois ans pour que mes idoles passent d'images figées en deux dimensions à des personnes animées qui bougeaient et respiraient. Les agences de divertissement commençaient à poster des clips musicaux sur YouTube. Je pouvais enfin *voir* les artistes. Je ne sais pas combien d'heures ma sœur et moi avons passé en ligne à regarder et à écouter *toutes* les chansons de *tous* les groupes que nous pouvions trouver entre 2009 et 2013.

Tout ce temps, ma famille n'avait jamais été curieuse de savoir d'où venaient les groupes de musique que je passais mon temps à écouter. Ils se disaient juste que j'étais une *fangirl* – One Direction (le boys band anglais) ou Big Bang, c'était la même chose pour eux.

Ce n'est que lorsque je suis partie en Corée pour deux semestres que les choses ont commencé à changer...

***

Depuis toute petite je n'avais jamais vraiment eu l'envie d'aller en Corée. Mon rêve était l'Angleterre. Tout était prêt : j'avais repoussé la fin de mes études d'un semestre pour pouvoir partir et faire un échange universitaire en Europe. Je m'apprêtais à candidater pour un programme à l'université d'Oxford lorsque j'ai rencontré Heewon, mon premier ami coréen.

Je m'étais inscrite en tant que bénévole pour aider les étudiants étrangers de mon université à pratiquer l'anglais en troisième année. Lorsque j'ai rejoint le programme, j'ai précisé que je serais très intéressée si un étudiant coréen s'inscrivait un jour sur le campus. J'avais rencontré des Coréens-Américains pendant un stage cet été-là et ils avaient changé l'idée que j'avais du pays jusqu'alors - à savoir qu'il était coincé à l'époque de la guerre de 1950. Dans leur bouche, la Corée sonnait même comme une aventure moderne et excitante.

La directrice du département a joyeusement accepté et elle m'a présenté Heewon par email. Nous sommes vite devenus amis. Nous sommes allés voir des comédies musicales ensemble dans le district des théâtres, il me donnait les snacks coréens que ses parents lui envoyaient et il est même venu dîner chez moi à l'occasion.

Heewon me parlait de la Corée tout le temps. « Quand tu viendras à Séoul, je te montrerai cet endroit ! » « On mangera ce plat ! » Plus que tout le reste, c'est sa passion qui m'a convaincue de me renseigner sur le programme d'échange. J'ai été surprise de réaliser qu'il coûtait moitié moins cher que celui pour l'Angleterre - en grande partie grâce au taux de change du dollar vers le won de l'époque. Il me restait moins d'un mois pour postuler, alors tout est allé très vite. Il y avait tellement de paperasse à remplir et il fallait que j'obtienne un visa. J'étais nerveuse. J'avais le vertige. Je ne connaissais même pas un mot de coréen ! J'ai cherché sur Google comment lire l'alphabet coréen et j'ai appris avant de partir pour le programme.

Mes deux sœurs et mes parents sont venus me rendre visite à Séoul. Mes parents sont tombés amoureux du pays - les musées, les paysages, la nourriture. Je crois qu'ils ont eu un déclic lorsque j'ai pris l'avion pour la Corée. Ils ont vraiment réalisé : « Oh, la Corée du Sud existe ! » Ils le savaient d'un point de vue théorique - ma sœur et moi venions bien de quelque part

- mais ils n'avaient, en pratique, jamais posé un pied dans le pays. Ils nous avaient récupérées directement aux États-Unis alors qu'ils s'étaient rendus en Russie pour chercher mon frère.

En rentrant du voyage, mon père a commencé à s'intéresser de plus près à la Corée et il m'envoie maintenant tous les articles qu'il trouve intéressants sur le sujet. Ma mère a commencé à regarder des *K-drama* et utilise des produits cosmétiques coréens. Ma sœur achète aussi plein de produits de beauté et aime cuisiner coréen.

***

Aller à Séoul a transformé mon rapport à la *K-pop*. Jusqu'alors, je l'avais toujours fortement dissociée du reste de ma vie. Je pouvais passer des soirées à regarder les vidéos YouTube de mes idoles favorites - à la seconde où j'éteignais mon ordinateur, j'étais de retour dans la réalité où ces idoles n'existaient pour personne d'autres que moi en Amérique. Ce sentiment a persisté jusqu'à ce que j'assiste au concert de Big Bang, au printemps 2016.

J'avais déjà commencé à prendre du recul avec la *K-pop* - j'étais tellement occupée avec l'université, mes amis, mes recherches de stages... Mais c'était *Big Bang* ! L'un de mes groupes préférés, l'un de ceux que je suivais depuis le tout début. Leur agence avait annoncé que ce serait leur dernier grand concert avant leur départ pour le service militaire. Je voulais tellement y aller que j'ai acheté une revente de ticket à 350 000 wons (environ 300 euros) ! Il s'agit du billet de concert le plus cher que j'aie jamais acheté.

J'y suis allée seule, puisque je n'avais pas encore beaucoup d'amis en Corée. Je me souviens avoir été très impressionnée - et choquée - par l'organisation à l'extérieur de la salle : des gens campaient là depuis l'aube, tout le monde était parfaitement aligné selon son ticket et le numéro de porte d'entrée correspondante. Il y avait des employés partout qui parlaient plein de langues différentes, ce qui permettait aux fans de comprendre plus facilement dans quelle file ils étaient supposés attendre. Rien à voir avec les concerts auxquels j'avais pu me rendre aux États-Unis, même celui de BTS auquel j'avais assisté quelques mois plus tôt et dont je gardais un excellent souvenir. Les agents de sécurité semblaient presque superflus.

À l'intérieur de l'arène en revanche, c'était une autre histoire. Je pouvais sentir l'atmosphère vibrer d'excitation. J'étais extatique d'être là, debout au milieu de la foule. Je n'aurais jamais imaginé un jour voir Big Bang en live. Mais quand les lumières se sont éteintes et que la musique a commencé… les gens sont devenus fous. Les encouragements m'assourdissaient et je ne pouvais plus voir la scène. Des posters qui dépassaient du sac d'une fille devant moi me bloquaient la vue. Lorsque Big Bang a commencé à chanter, les gens poussaient des cris très, très forts - sans raison. Ce n'étaient pas des cris d'excitation ou de joie. Juste des cris pour crier. On pouvait à peine entendre le groupe sous le vacarme.

Suite à cette expérience, je me suis désintéressée de la *K-pop*. Ce n'était pas la faute de Big Bang. Pour moi, c'était la faute des fans.

***

J'ai l'impression qu'il n'existe aucun fan plus dévoué que les fans de *K-pop*. Prenez One Direction ou les Backstreet Boys (boys bands anglais et américain) : leurs fans couvrent aussi leurs murs de papiers peints à leur effigie, campent devant chez eux, s'évanouissent en les voyant. La grosse différence est que ces fans sont perçus, par le public et les autres fans, comme marginaux. Avec la *K-pop*, ce genre d'extrême est la norme.

C'est juste comme cela que le *fandom* marche : on saute, tête la première. On n'entre pas dans la *K-pop* par étape. Il n'y a pas d'état où l'on est « un peu » fan. Souvent, il suffit d'une semaine pour que quelqu'un qui n'avait jamais entendu parler de *K-pop* ou de la Corée ait vu littéralement tous les clips vidéo d'un groupe. C'est intense. Et même si la connexion aux groupes est principalement virtuelle, elle est perçue comme très intime.

L'industrie du divertissement pousse les fans à agir ainsi. Un tel niveau d'enthousiasme rapporte beaucoup d'argent tous les ans. Pour l'encourager, les idoles écrivent des lettres et les postent dans les fan cafés (des forums payants gérés par les agences des différents groupes, dans lesquels les fans ont accès à des contenus dédiés). Elles postent des selfies sur lesquelles elles tiennent des poses plus mignonnes les unes que les autres et vous donnent en permanence l'impression que vous êtes leur ami. Elles demandent régulièrement si leurs fans vont bien ou s'ils ont dîné. Tout ce « fan service » réveille un sentiment de proximité qui donne l'impression aux fans de connaître les célébrités personnellement et fait naître une fascination qui ressemble à un premier amour.

Ce jeu de séduction a donné naissance à des côtés positifs et négatifs dans le *fandom*. Du côté du positif, beaucoup de fans sont généreux et donnent de leur temps ou de l'argent pour rendre les concerts plus spéciaux pour les autres fans. Tous ces comportements sont vraiment d'une ampleur unique dans la *K-pop*. Ils offrent des bouteilles d'eau, des stickers fait-main, et d'autres petites attentions aux spectateurs qui attendent dans les longues files d'attente à l'entrée des salles. Les fans de *K-pop* en général sont également connus pour être soigneux et ramasser les déchets lorsque le spectacle est terminé.

Cela dit, il y a aussi des côtés négatifs. Tout *fandom* a ses extrémistes et la *K-pop* n'est pas une exception. Les « koreaboos », par exemple, sont obsédés non seulement par la *K-pop*, mais aussi par tout ce qui vient de Corée - simplement parce que cela vient de Corée. Chez certains, cela s'accompagne aussi d'une fétichisation des personnes coréennes ou asiatiques en général. Malheureusement, j'ai fait l'expérience de ce type de comportement obsessif à de nombreuses reprises... Cela m'a déroutée, voire un peu traumatisée. J'avais été une fan de *K-pop* pendant des années, mais je n'avais jamais été exposée à ce genre de problème avant d'arriver en Corée.

Cela m'a fait me demander : qu'est-ce qui, dans la *K-pop*, provoque des réactions aussi extrêmes ? Qu'il s'agisse des fans coréens ou occidentaux, les niveaux d'obsession percent le plafond. Lorsque je les regarde discuter en ligne, je me demande parfois : étais-je comme cela moi aussi ? Ce qu'il font pour un groupe de musique me semble complètement dingue... Pourtant n'était-ce pas exactement ce que je faisais à l'époque ?

Je regardais leurs vidéos sur YouTube. J'épluchais tout ce qu'on pouvait trouver sur eux sur Internet. Je les traquais virtuellement - après tout, c'est ambigu, l'agence et le groupe nous encouragent et nous donnent une sorte d'autorisation implicite. Toutes les vidéos, les photos, les descriptions de leurs vies... Cela ne s'arrête jamais, parce qu'il y a toujours plus de contenu. Et malgré tout ce que l'on apprend sur eux, on a toujours l'impression qu'ils sont inaccessibles.

En Corée, je ne voulais pas être associée à ce côté négatif du *fandom*, alors je ne disais à personne que j'écoutais de la *K-pop* depuis des années. Il y a bien eu plusieurs personnes qui m'ont approchée pour devenir amies avec moi, parce qu'elles pensaient que j'étais une Coréenne pure souche, mais de manière générale, j'ai réussi à garder mes distances.

Avec le temps, ce type de fétichisation, largement nourri par l'exportation de la *K-pop* vers l'Occident, m'a donné une opinion très négative des « nouveaux » fans. J'avais l'impression que tout expatrié que je rencontrais en Corée était un potentiel *koreaboo*. Cela m'a laissé un arrière-goût amer pendant longtemps. J'ai cependant fini par réaliser que tous les fans de *K-pop* n'agissaient pas comme cela. Les *koreaboo* ne sont pas la norme. Ils sont une minorité parmi les masses de personnes qui consomment des contenus coréens tous les jours.

Je suis convaincue que l'effet de la *K-pop* sur le monde est essentiellement constructif. Je me sens inspirée lorsque je vois des fans protéger leurs idoles et agir lorsque d'autres fans se comportent mal. Je ressens presque un sentiment d'accomplissement lorsque je regarde les fans d'aujourd'hui faire ce que je faisais il y a dix ans. C'est un peu comme si j'avais transmis à une jeune génération quelque chose d'incroyable... et, en même temps, je suis sûrement un peu trop jeune pour passer n'importe quel flambeau.

Je ris de moi-même, avec le recul, de m'être investie si profondément dans la vie d'idoles et d'artistes coréens qui vivaient à l'autre bout du monde, mais je réalise aussi la chance que j'ai eue d'avoir la *K-pop* à une époque où être asiatique n'était pas quelque chose d'envié en Occident.

Me repencher sur le passé me fait réaliser la distance qui a été parcourue. Lorsque j'avais quinze ans, il était inimaginable de se balader dans la rue et d'y croiser quelqu'un portant un tee-shirt de Big Bang. Les fans discutaient dans des forums en ligne construits à la va-vite. Et personne dans mon lycée n'avait la moindre idée de qui était G-Dragon (l'un des membres de Big Bang).

Maintenant, il y a des applications mobiles entièrement dédiées à la *K-pop* qui diffusent des émissions, des concerts ou des interviews. La *K-pop* n'est plus simplement un genre musical, c'est aussi une culture à part. Elle a encouragé des milliers de jeunes à rêver en grand. Elle a montré au monde que la musique transcende tous les langages. Elle est devenue un lien qui connecte toutes sortes d'amitiés improbables.

Au sommet de mes années de *fangirl*, j'ai rencontré des gens du monde entier avec qui je partageais uniquement cette passion. Entre fans, nous parlions pendant des semaines des comebacks de différents groupes, des émissions auxquelles ils allaient participer, et d'un million d'autres choses. On s'appelait en visio et on s'envoyait des lettres.

Le temps a passé depuis et ces conversations se sont tournées vers des sujets plus classiques : nos relations amoureuses, l'école et le travail. Nous avons mis la *K-pop* sur pause. Mais elle est toujours là. Nous en parlons encore occasionnellement. Sur les réseaux sociaux, nous partageons des photos, des vidéos et des news sur les groupes que l'on adorait. C'est un lien spécial qui continue de nous rassembler.

J'espère qu'il ne se brisera jamais.

Chapitre 4

Gagner

Yoan Merlo
Français, 35 ans
&
Pierre-Jean Orgues
Français, 31 ans

Au commencement, il y a eu StarCraft.

L'extension du jeu vidéo de stratégie, Brood War, *sortie en 1999, a été la première à attirer l'attention sur la culture coréenne dans le monde entier. En ligne, tous les joueurs savent que les meilleurs jeux viennent de Corée.*

Au début des années 2000, l'e-sport, un terme qui n'existe pas encore vraiment à l'époque, est en train de naître. Les tournois attirent déjà des milliers de spectateurs et les plus grands joueurs sont des superstars. Ils font partie d'écuries sponsorisées par les grandes entreprises du pays et gagnent des milliers d'euros à chaque victoire.

Peu de secteurs représentent aussi bien la compétitivité des Coréens que celui de l'e-sport. Dans un milieu où être compétitif est le trait de caractère requis d'emblée, la Corée s'est his-

sée au sommet du classement international. Il suffit de visiter Séoul pour comprendre cet engouement avec ses milliers de PC-bang, *des cybercafés ultra-modernes ouverts nuit et jour. Je me souviendrai toujours de l'un d'eux, plein à craquer, où littéralement tous les clients jouaient à* Overwatch *(Blizzard) juste après sa sortie. En rang, des jeunes collégiens, des étudiantes, des cinquantenaires tapotaient sur les centaines de claviers dans une cacophonie de cliquetis mécaniques sous les lumières.*

Yoan Merlo, a.k.a. ToD, a découvert ce monde il y a longtemps. Déjà en 2000-2001, il participait à des tournois amateurs et professionnels de StarCraft Brood War *en Europe. Depuis, devenu une légende du jeu* Warcraft III, *il est l'un des quelques Français à avoir vécu à Séoul en* étant membre *d'une équipe étrangère en Corée en 2004.*

Pierre-Jean Orgues, son ami, a étudié le coréen jusqu'à devenir bilingue pour entrer dans l'industrie par la porte dérobée. Après avoir atteint de bons résultats en ligne dans une équipe britannique de Counter-Strike *et gagné plusieurs coupes, il a changé son fusil d'épaule pour tenter l'aventure au Pays du Matin calme. Un pari qui a payé et lui a permis de travailler en coulisses plusieurs années avec* OnGame.net, *l'une des chaînes de télévision e-sport de la péninsule et l'un des gros organisateurs de tournois.*

Tous les deux font partie des pionniers de cette histoire.

L'esprit de compétition

Imaginez l'air du temps. Nous sommes en 1998. C'est la fin du millénaire. Le studio américain Blizzard vient de sortir *StarCraft*, son tout premier jeu de stratégie en temps réel. Dans un univers galactique, des races d'aliens se livrent une guerre que le joueur remporte lorsqu'il détruit tous les bâtiments construits par son ennemi.

À cette époque, les fabricants de jeux n'ont que les États-Unis et l'Europe sur leur radar. Personne ne s'intéresse à la Corée. Les équipes de Blizzard tombent des nues lorsqu'en avril 1999, elles réalisent qu'un quart de leurs ventes ont lieu sur la petite péninsule.

Les Coréens adorent surtout *Brood War*, l'extension qui vient de paraître. Elle a permis d'ajouter de nouvelles fonctionnalités au jeu et, plus important encore, elle a atteint un équilibre quasi parfait entre les trois races d'aliens que l'on peut choisir : les *Zerg*, les *Terran* et les *Protoss*. Grâce à cette extension, le *gameplay* (mécanique du jeu) est devenu beaucoup plus dynamique. Son charme vient de la difficulté à combiner la micro-gestion et la macro-gestion. La première concerne la gestion d'un grand nombre d'unités - ouvriers, infanterie, avions, vaisseaux... - sans trop en perdre sur la carte ou lors des combats. Le deuxième niveau de gestion concerne l'administration des ressources - ne pas être en excès, constamment produire des unités... On reconnaît d'ailleurs un très bon joueur de *StarCraft* à sa manière de tout gérer en même temps.

La révolution a commencé. En l'espace de trois ans, le nombre de cybercafés passe de 100 à... 23 000 ! Ce boom national se produit pour plusieurs raisons : le nombre important de chômeurs en recherche de reconversion suite à la crise économique des années 1990 (« après tout, pourquoi ne pas devenir propriétaire de *PC-bang* ? ») ; les solides investissements du gouvernement dans le réseau Internet (désormais le plus rapide au monde) ; et un contenu rassembleur, *StarCraft* bien sûr, que l'on surnomme d'ailleurs « le jeu du peuple ».

Qui dit succès populaire, dit opportunité de faire de l'argent. Les *PC-bang* organisent d'abord des tournois amateurs, indépendamment les uns des autres, offrant aux gagnants des prix comme du temps gratuit ou le droit de se pavaner dans le quartier. Puis en 2000, les choses deviennent sérieuses. Les studios de télévisions saisissent leur chance à bras-le-corps : MBC et OnGame.Net (OGN) créent chacun leur chaîne dédiée et lancent leur propre ligue de tournois *StarCraft*. La Korean eSports Association (KESPA) s'occupe des régulations. Elle certifie les joueurs, permet un classement officiel et organise des événements. Quant au gouvernement et à Samsung, ils créent cette année-là les World Cyber Games, les Jeux olympiques du jeu vidéo.

Et voilà ! C'est la naissance de l'e-sport, tel qu'on le connaît aujourd'hui.

***

À 9 000 kilomètres de là, Yoan « ToD » Merlo a les yeux rivés sur la Corée. S'il racontait dans sa ville d'Arles, au sud de la France, qu'à l'autre bout du monde on gagne des dizaines de milliers d'euros en jouant aux jeux vidéo… on lui rirait au nez.

Cette réalité ne l'empêche pas de rêver. Il n'y a pas Internet chez sa marraine, alors dans l'un des cybercafés/imprimeries/centres d'appel pas vraiment high-tech du centre-ville, il regarde avec passion les parties de son idole : Lim Yo-hwan, a.k.a. SlayerS_BoxeR. Surnommé « L'Empereur », BoxeR est l'un des premiers à avoir joué la race *Terran* à haut niveau dans

StarCraft Brood War. Il a révolutionné le jeu et a plus ou moins inventé toutes les stratégies pour, à l'époque, gagner avec les *Terran*. Sa créativité et sa capacité à retourner un match alors qu'il semblait sur le point de perdre ont fait de lui l'un des plus grands joueurs de l'histoire de l'e-sport. En Corée, tous connaissent son nom et son visage.

À l'étranger, son pseudo connaît plutôt la célébrité dans les cercles d'initiés. Yoan est tellement fan de son jeu qu'il joue aussi avec les *Terran* dans *Starcraft* – et lorsqu'il se met plus tard à *Warcraft III* (toujours un jeu de stratégie en temps réel de Blizzard), il prend la race *Humain* en son honneur, persuadé que la manière de jouer sera similaire. À l'époque, l'adolescent ne pensait pas vraiment qu'il partirait un jour en Corée. Il en avait envie, bien sûr, comme quelqu'un qui regarde un match de foot et se dit : « Plus tard, c'est ça que je ferai », mais il était jeune. La Corée du Sud se trouvait surtout très loin de chez lui.

L'idée commence à devenir plus tangible lorsqu'il rencontre Bertrand Grospellier, a.k.a. ElkY dans un match à Marseille où tous les Français qui jouent à *Brood War* sont rassemblés. L'homme est l'autre grande idole de Yoan. L'adolescent n'en revient pas de voir à quel point il est dédié lors de leur partie. Il voit bien que son adversaire s'entraîne énormément, qu'il n'abandonne jamais. Il admire notamment la manière dont celui-ci utilise ses défaites pour progresser. Dès lors, l'attitude de Grospellier devient son modèle et lui donne le bon mental dès les premiers tournois.

Grospellier remporte leur duel, bien sûr, et puis les autres. Lors des World Cyber Games (WCG) 2000, il fait partie des seuls Français à tenir un peu la distance contre les Coréens. L'année suivante, Grospellier part de nouveau en Corée pour jouer à *StarCraft* à la télévision. Tandis qu'il le regarde ébahi décrocher la seconde place, Yoan réalise enfin qu'il a envie de faire la même chose que lui.

Plus facile à dire qu'à faire... L'Arlésien patauge à ses débuts, car il est terriblement stressé lorsqu'il se rend dans les tournois. Il trouve très difficile d'y être aussi bon que lorsqu'il joue en ligne. Il commence avec beaucoup de petites compétitions internationales, gagne assez peu et sent vite qu'il ne pourra jamais atteindre le sommet du classement de *StarCraft Brood War*. Il a l'impression que le jeu, en plus d'un travail acharné, demande un talent inné.

Il décide de changer de stratégie à la sortie de *Warcraft III* le 3 juillet 2002, avec en tête d'en devenir pro. Il choisit la race *Humain* et se hisse assez vite parmi les meilleurs joueurs européens. Seulement, il n'est pas *le* meilleur.

Yoan est pragmatique. Pour résoudre ce problème, la solution semble évidente : la Corée est le pays numéro un en termes de communauté, d'infrastructure et de nombre de meilleurs joueurs. C'est là qu'il doit se rendre. L'occasion se présente vite, presque par hasard, lorsqu'une équipe appelée 4Kings cherche à recruter un joueur *Humain* étranger pour aller disputer les WCG de septembre 2004. Yoan plaide sa cause lors des entretiens de recrutement. Certes, il est moins bon que ses concurrents - un Français, un Suédois et un Bulgare - mais il promet que s'il est pris, il deviendra le meilleur joueur *Humain* au monde.

Lorsqu'il est choisi, l'adolescent peine à contenir sa joie - il n'a jamais été aussi content de sa vie. Quelque temps plus tard, il s'envole pour l'autre bout de la planète.

***

2004, Séoul, COEX.

Le centre commercial COEX est immense. Il se trouve en plein centre de la capitale, au cœur de Gangnam, le quartier le plus huppé de la ville. Les couples s'y baladent entre les maga-

sins de vêtements, des groupes d'amis boivent des americanos *à la table de l'un des cafés. Certains sont assis sur de gros blocs de bois servant de sièges, un livre dans les mains.*

Et puis il y a les cris, qui proviennent de l'étage du dessous et qui résonnent dans les couloirs. Personne ne s'en étonne. Ils sont devenus habituels depuis que la chaîne de télévision MBC Game a installé son studio dédié à l'e-sport dans l'un des sous-sols du COEX. Les joueurs s'y retrouvent souvent sur la petite scène pour mener leurs matchs sous les encouragements de leurs supporters. Ils s'affrontent sur deux gros écrans cubiques à cristaux liquide (CRT) et de bruyants claviers mécaniques – le nec plus ultra *de l'époque. Pour mieux assister au spectacle, des chaises et des sofas sont installés pour accueillir les fans qui viennent soutenir leurs joueurs préférés ou les passants curieux de ce qui se trame.*

***

La première fois que Yoan se rend au COEX avec un coéquipier coréen, il a du mal à en croire ses yeux. Il n'avait aperçu ce genre d'installation qu'en convention – jamais intégrée au milieu d'un centre commercial ! Cela le choque et l'impressionne, plus encore que de voir ses idoles s'affronter en vrai. Les spectateurs sont des hommes et des femmes (à parts égales, du *jamais* vu en Europe). Le confort est au rendez-vous : des écrans sont installés devant le public pour que celui-ci puisse bien observer les matchs. Les équipes prennent les moyens et le temps de produire des vidéos de qualité pour introduire leurs ligues et leurs joueurs. Tout est tellement bien pensé que Yoan réalise de plein fouet à quel point l'e-sport est un monde en Corée du Sud. Cela le motive à travailler d'arrache-pied et à tenir sa promesse à 4Kings.

Là où la plupart de ses coéquipiers ont eu du mal à gérer le choc culturel et n'ont qu'une envie, rentrer - lui est tombé amoureux du pays. Après des mois passés à subir les mauvaises blagues du manager de l'équipe qui leur faisait manger des pieds de porc (*jokbal*) marinant dans leur jus et des ragoûts de tripes, il a découvert les autres délices de la nourriture coréenne et nage au septième ciel. *Samgyeopsal* (barbecue coréen), *gimchi-jjigae* (soupe de chou fermenté et épicé)... Il a même appris à lire les caractères du *hangeul* (alphabet coréen) et à commander au restaurant. Les *PC-bang* ou les supérettes sont ouvertes 24/24h et pour lui qui vit parfois la nuit, c'est le paradis.

Le mieux ? En Corée, il y a *déjà* la fibre. Les conditions d'entraînement sont idéales : il n'y a quasiment aucun délai dans les parties grâce à la connexion la plus rapide du monde et l'on peut commander tout et n'importe quoi depuis son poste dans les *PC-bang* (nouilles, boissons, etc.).

À cette époque, littéralement rien d'autre n'intéresse Yoan que son entraînement. La compétition l'obsède, il s'exerce minimum douze heures par jour et, pendant environ six mois, Yoan passe toutes ses journées - et ses nuits - entre sa chambre minuscule et les *PC-bang* pour devenir le meilleur.

Les rares sorties qu'il s'autorise le conduisent au COEX à regarder d'autres joueurs. *StarCraft* domine clairement la scène, mais *Warcraft III* est la nouveauté à la mode et bénéficie aussi d'un bon temps d'audience. Le jeune homme rêve de s'entraîner contre les meilleurs en face à face, mais entre la barrière de la langue et le fait que les joueurs coréens ne le connaissent pas, obtenir des matchs est difficile. Jusqu'au jour où, après un tournoi au studio, il remarque l'enthousiasme des joueurs lorsqu'un membre de leur équipe leur paye à manger. Il décide de tenter sa chance la fois d'après et offre une pizza - en échange de parties.

L'astuce… fonctionne. Yoan se fait battre à plate couture, mais il est ravi de pouvoir progresser.

***

2005, Corée du Sud, finale de StarCraft *Pro League.*

Le tournoi d'e-sport se déroule sur l'une des plages de la ville portuaire de Busan, celle de Gwangalli avec son grand pont suspendu illuminé en arrière-plan. Le sable est noir de monde – plus de 100 000 personnes ! La scène est illuminée par de grands spots de lumière. De grands écrans retransmettent les parties des plus grands joueurs du pays, qui, derrière des ordinateurs qui semblent aujourd'hui préhistoriques, ont les doigts qui courent sur le clavier sous les applaudissements de la foule. La plupart des spectateurs ont dormi sur place la veille. La musique et les cris des commentateurs pulsent depuis les enceintes. On se croirait à un concert.

***

Pendant que Yoan s'entraîne corps et âme à Séoul, Pierre-Jean Orgues dévore les tournois depuis sa chambre à Font-Romeu, dans les Pyrénées catalanes. Les images de Gwangalli semblent presque irréelles aux yeux du collégien. Il a beau pouvoir toucher les pixels du bout du doigt sur son ordinateur, il sent toute la distance qui le sépare de l'événement.

Un déclic se produit dans son esprit. Il existe un pays dans le monde où le jeu vidéo est très bien vu et rapporte gros. Là-bas, sa passion pourrait aboutir à une carrière s'il s'en donnait les moyens.

Pierre-Jean fait à l'époque partie d'une équipe britannique de *Counter-Strike*, le populaire jeu de tir du studio Valve. Mais même s'il est un bon joueur et, qu'avec ses coéquipiers, il a remporté de nombreuses coupes en ligne, il sait qu'il n'a pas de grandes chances de devenir pro - les places sont quasi inexistantes. Pour autant, il n'envisage pas de travailler ailleurs que dans le milieu du jeu vidéo et rejoint le staff de SK Gaming, une équipe allemande, pour augmenter ses chances.

C'est justement en Allemagne, lors d'un tournoi, qu'il rencontre pour la première fois Yoan. Le Français est alors au sommet. Il s'est tellement entraîné que sa réputation de bosseur le précède, même parmi les joueurs coréens ! Tous connaissent et redoutent son message phare : « go game ? », car il l'envoie chaque jour aux meilleurs joueurs pour les convaincre de le défier. Il a remporté la troisième place aux WCG 2004, raflé les World E-sport Games à Hangzhou en Chine en 2006 (avec 30 000 dollars à la clé, le plus gros prix jamais octroyé pour *Warcraft III*) et gagné les Worldwide Invitational de Blizzard dans le Parc olympique de Séoul en 2007 (10 000 dollars). À cette période de sa carrière, il est considéré comme le meilleur joueur pour la race *Humain* - avec le chinois Sky - et remporte la récompense de joueur de *Warcraft III* de l'année décernée par l'ESL. Le Français voyage beaucoup et vit un temps en Chine, aux États-Unis, puis en Allemagne.

Dès la première rencontre, les deux garçons s'entendent et échangent leurs adresses MSN (l'ancêtre des applications de messagerie) pour rester en contact. Pierre-Jean parle notamment à Yoan de son plan d'action et lui demande conseil, car c'est décidé : il compte aller s'installer à Séoul pour y apprendre la langue. Si l'université Hongik l'accepte dans son cursus de coréen, il s'envolera dans deux ans.

***

2008, Corée du Sud, tournoi de la StarCraft *Pro League.*

- Si vous venez d'allumer cette chaîne, vous vous demandez peut-être s'il s'agit vraiment de la Starcraft *Pro League !, s'exclament les commentateurs coréens morts de rire.*

Le Coréen FireBathHero vient juste de remporter le tournoi et, devant la foule en délire, il retire son t-shirt, son pantalon - avant de se souvenir de ses chaussettes. En dansant dans son maillot de bain, il traverse la foule jusqu'à la mer où il se jette - sous les yeux ronds des agents de sécurité qui lui courent après.

- Il n'est pas comme Reach [un autre joueur] avec son corps musclé !, crie un commentateur. Il est mince et longiligne.

- Certaines filles pourraient trouver ça séduisant ?, rebondit son partenaire.

Puis le joueur revient sur la scène, high-five *toute son équipe, attrape un gâteau de riz à la vapeur, le mastique, attrape une glace, met des lunettes, saute sur le podium, mange la glace. Sous les applaudissements assourdissants de la foule.*

***

La première chose que Pierre-Jean se dit en arrivant en Corée : les Coréens qui viennent en France doivent halluciner devant tant d'incompétence. Son appartement a besoin de la fibre ? Deux heures plus tard, un employé vient, installe tous les câbles, s'occupe de tous les branchements, et voilà, Internet est connecté ! En France, cela prendrait entre sept et dix jours minimum. Il fait un achat en ligne ? Le colis arrive au maximum le lendemain et, au moindre problème, quelqu'un est envoyé immédiatement.

Conseillé par Yoan, qui n'habite plus en Corée, mais vient lui rendre visite, Pierre-Jean tombe amoureux de la gastronomie - même la plus surprenante. Son plat préféré devient le *sannakji*, une petite pieuvre découpée vivante. La première fois qu'il goûte ce met, il a la sensation qu'une drôle de ventouse lui attrape la joue depuis l'intérieur de la bouche : comme le poulpe est découpé vivant, les nerfs travaillent encore... Il trouve l'affaire morbide, mais néanmoins délicieuse. Il devient un habitué du marché de Noryangjin où il déambule entre les aquariums pour choisir et manger du poisson frais. Son autre péché mignon, c'est le poulet frit et les *naengmyeon*, des nouilles de farine de sarrasin, de pomme de terre ou de patate douce qui se mangent froides dans du bouillon avec de la glace pilée.

Il adore l'hiver et déteste l'été. L'humidité et la chaleur le cassent et il déteste les *maemi*, les cigales ultra-bruyantes qui chantent toute la journée. Il n'arrête pas de jouer et se retrouve souvent - parfois avec Yoan - dans les *PC-bang* pour passer des heures sur *Counter-Strike*, *Warcraft III*... Il se rend aussi à de nombreuses compétitions.

Son coréen s'améliore vite. Le jeune étudiant est ultra motivé. En deux ans, il a validé le niveau quatre de coréen. À mesure qu'il progresse, cependant, il est aussi exposé à beaucoup de choses qu'il apprécie moins. À l'université, ses camarades coréens lui racontent les nombreux suicides de lycéens qui se démènent pour intégrer la Seoul National University, l'établissement le plus coté du pays. Lorsqu'ils se baladent sur le campus, certains lui pointent du doigt tel ou tel toit et l'avertissent : « Attention, quelqu'un s'est jeté de là... » En Corée, l'échec est inadmissible. On se refuse à échouer, et si on échoue, surtout, on n'en parle pas. Les Coréens qu'il bat pendant des matchs amicaux le félicitent : « Ah, bien joué ! » et sourient, mais au fond, Pierre-Jean sait qu'ils sont fous de colère. Cette compétitivité enseignée dès l'enfance les affecte toute leur vie.

Connaître la langue implique aussi de comprendre les conversations dans le métro. Lorsqu'il sort à Itaewon, le quartier des étrangers, il bout de rage lorsqu'il entend des « Oh, le singe ! » chez certains passagers lorsqu'il y a une personne noire à bord. Cela ne s'améliore pas lorsqu'il commence à travailler pour OnGame.net (OGN), l'une des principales chaînes d'e-sport de Corée. Très vite, il sent que ses collègues essaient de le rabaisser ou sont parfois agressifs quand il les dérange. Pierre-Jean prend cela comme une nouvelle manifestation de leur esprit de compétition - même s'il sait que dans certaines situations, il s'agit de racisme.

***

2010, Corée du Sud, finale de la Korean Air OnGameNet Starcraft *League.*

*Dans le hangar à avion de la compagnie aérienne Korean Air, des milliers de fans sont rassemblés pour assister au combat épique en cinq manches qui désignera le grand vainqueur du tournoi. Kim « EffOrt » Jung-woo descend le premier sur la scène dans une cage sous les cris de la foule et une bande-son métal (*Downright Dominate *d'Annihilator).*

- The Messiah !, crie le présentateur. Kim ! Jung ! Wooooo !

On se croirait presque dans un match de catch. Cette entrée en fanfare est toutefois vite éclipsée lorsque le commentateur introduit le favori du jour :

- Lee ! Young ! HOOOO !

Sous des jets de fumée, les portes du hangar s'ouvrent pour révéler le nez... d'un vrai avion. La porte latérale se soulève et Lee « Flash » Young-ho en sort, escorté par une hôtesse de l'air, sous l'ovation de la foule.

***

En 2011, les locaux d'OnGame.net se situaient encore à Yongsan, le quartier qui part du flanc sud de Namsan (la montagne où se trouve la Seoul Tower) et s'étend jusqu'au fleuve Han. Parmi les attractions les plus notables, on y trouve l'iPark Mall, un immense centre commercial qui abrite un cinéma, un centre culturel, un mini-golf...

Pierre-Jean y travaille une bonne partie du temps. Il doit se rendre au studio de la chaîne télévisée deux heures avant que les matchs ne débutent. Parmi les étapes du rituel : prendre les innombrables escalators depuis le rez-de-chaussée jusqu'au dernier étage où sont situés les locaux, puis profiter des studios vides pendant quelques minutes. Tout est si calme, si sobre sans les cris des spectateurs.

Les chaises sont disposées en rang, sous les lumières orange, bleue, rose des projecteurs accrochés au plafond et des néons sur les murs. Sur les côtés de la scène, deux gros box sont séparés de l'espace réservé au public par une longue vitre transparente. Derrière, les écrans plats et les tours d'ordinateurs noirs sont éteints. Il n'y a ni souris, ni clavier, car les joueurs rapportent les leurs. Dans les tournois de *Brood War*, d'ailleurs, le matériel des joueurs est souvent très ancien, car ils sont trop habitués à la position des touches pour en changer. Les professionnels prennent aussi leurs écouteurs et des casques de chantier pour se concentrer et s'isoler du bruit de la foule. Certains - et cela amuse toujours Pierre-Jean -, poussent le vice jusqu'à utiliser une règle pour placer tout l'équipement à bonne distance du bord de la table, de leurs bras ou de leurs mains.

Au fond de la pièce, il y a un immense écran suspendu en plein milieu, au-dessus des tables réservées aux commentateurs. Lorsque la partie commencera, il montrera ce qui se déroule du point de vue « observateur » (car souvent les choses vont trop vite sur l'écran des joueurs pour que le public comprenne quoi que ce soit). De cette manière, les commentateurs pourront diriger la caméra sur l'action la plus intéressante et narrer la partie en se concentrant sur les points clés.

Des joueurs sont déjà là en coulisses. Pierre-Jean salue ceux qu'il connaît et se rend au maquillage, car on l'appelle pour une retouche. En général, le Français fait surtout de la traduction et de l'interprétation, c'est-à-dire que lorsqu'un match est diffusé à l'écran, il écrit les statistiques du jeu dans des tableaux Excel. Mais il a une nouvelle casquette au travail depuis quelques semaines : il indique aux commentateurs dans l'oreillette à quel moment ils doivent annoncer les sponsors pendant les *live*.

Le match du jour oppose des équipes de *League of Legend*, le jeu de combat en arène multijoueur de Riot Games (2009). Lorsque celui-ci est terminé, Pierre-Jean se rend sur le toit attenant au studio où les fans attendent les joueurs pour leur remettre des cadeaux, des peintures, des gâteaux, des souris customisées ou encore des chocolats. Pendant une dizaine de minutes, ils peuvent aussi leur poser des questions. Le jeune homme adore cette joie qui flotte dans l'air. C'est un peu le seul moment où les stars sont accessibles. Le reste du temps, celles-ci vivent dans des *gaming house*, des sortes de dortoirs qui font aussi office de centres de formation. Les professionnels y passent tellement de temps à jouer qu'ils n'ont pas vraiment de vie privée en dehors ni de jours de congé.

Cela l'aide aussi parfois à se souvenir de la chance qu'il a de tant aimer son travail et de vivre sa passion. Ces derniers temps, il sent que la pression mentale que certains de ses collègues exercent sur lui le stresse et qu'il est temps de penser à rentrer en France. Il en débat avec d'autres expatriés et avec Yoan, qui comprend ce sentiment de pesanteur et de rejet que la Corée lui fait souvent ressentir.

Leurs conversations ont toutefois lieu à distance, car Yoan est coincé dans le sud de l'Hexagone. Il s'est blessé au genou en jouant au foot et est obligé de passer encore plus de temps que d'habitude derrière l'ordinateur. Agacé par les dernières mises à jour sur *Warcraft III* – qui, selon lui, déséquilibrent le jeu – et sans aucune autre distraction, il commence à jouer machinalement à *StarCraft II*.

À sa sortie en juillet 2010, la suite de *StarCraft* a rencontré un beau succès, car toute l'attention était tournée vers elle. Ce second volet semblait représenter un nouvel avenir pour le jeu vidéo, d'autant plus qu'il arrivait à point nommé pour prendre la relève : la scène *StarCraft Brood War* souffrait d'un scandale de matchs truqués. Les attentes étaient tellement élevées à l'époque que certains prédisaient une seconde révolution de l'e-sport.

Assez vite cependant, l'excitation retombe. Les anciens de *Brood War* tentent un passage par *StarCraft II*, mais le cœur n'y est pas. Le *gameplay* ne leur plait pas autant, ni à eux, ni au public. Ils retournent jouer à *Brood War* – et AfreecaTV, le site de streaming coréen, lance même sa propre ligue (l'AWL) pour qu'ils puissent continuer d'être compétitifs. Les autres prennent leur retraite et coachent les nouveaux venus.

Si *StarCraft II* n'a jamais atteint la popularité de *Brood War* en Corée, le nouvel opus séduit un public fidèle de fans internationaux, notamment grâce à la GSL – la ligue lancée par la chaîne de télévision GomTV. En l'espace d'un mois, Yoan devient l'un des meilleurs joueurs d'Europe. Entre son expérience de *Warcraft III*, son passé à *Brood War* et les dix heures par jour qu'il consacre à son entraînement, il passe joueur pro quasi instantanément.

Grâce aux tournois, il se rend plus souvent en Corée dès 2012. Il y retrouve ses amis, sauf Pierre-Jean qui décide finalement de quitter Séoul pour rentrer dans les Pyrénées et travailler comme assistant professeur des technologies de l'information et de la communication dans un lycée. Yoan continue jusqu'en 2015 à participer à des compétitions, mais il commence à se lasser. Le temps d'entraînement requis l'empêche d'avoir une vie sociale et Yoan aimerait passer plus de temps à l'extérieur. L'occasion de s'adonner à une nouvelle passion qu'il transforme en carrière professionnelle, depuis l'Allemagne où il s'est installé : le commentaire de match d'e-sport...

***

2017, Corée du Sud, StarCraft : Remastered.

Sur le sable de Gwangalli, plus de dix mille nostalgiques se sont rassemblées pour voir les stars de leur jeunesse : FlaSh, Jaedong, Grrrr, Bisu, YellOw... et BoxeR. Pour officiellement lancer la version remasterisée de son jeu révolutionnaire, Blizzard a voulu organiser l'évènement sur la plage de Busan qui a accueilli tant de tournois historiques. La foule se tait dans un silence religieux devant le match en 4K de Guillaume Patry (Grrrr) et de Kook Ki-bong (TheBOy). Pendant cinq heures, les matchs s'enchaînent aussi sous les yeux de 500 000 spectateurs en ligne dans le monde entier. C'est un voyage dans le passé. Un retour en enfance. Une célébration du jeu.

Et pour une fois, malgré l'esprit de compétition, gagner n'a pas tant d'importance.

Chapitre 5

Découvrir

Nathalie Salhi
Française,
33 ans

J'ai rencontré Nathalie pour la première fois en Corée du Sud. Même si nous ne nous connaissions pas du tout, la connexion s'est faite immédiatement. Notre ressenti de la Corée et la manière dont nous l'abordons sont extrêmement similaires. Elle avait construit sa passion à travers un site Internet, Corée Magazine, *cherché à faire de sa curiosité un outil professionnel et toujours trouvé essentiel de regarder les défauts de la Corée en face. En partageant nos points de vue, nos expériences ou les histoires de nos rencontres, le temps a filé à toute vitesse à chacune de nos visites (à Séoul ou à Paris). Et déjà, il fallait repartir – soit en France, soit aux États-Unis, soit en Corée. Lorsque Nathalie a rejoint ce projet, il a tout de suite été question de faire une mini-version du livre dans son chapitre – une galerie de portraits dans la galerie de portraits, pour tenter de comprendre, un artiste à la fois, pourquoi elle se sent chez elle en Corée.*

Portraits hors norme

La première fois que je suis tombée amoureuse de la Corée, je marchais dans les rues de Paris. J'ai entendu une discussion aux sonorités qui m'ont tellement plu que j'ai arrêté deux inconnus dans la rue pour leur demander quelle langue ils parlaient.

« Le coréen. »

En rentrant chez moi, je me suis assise devant l'ordinateur et j'ai commencé à tapoter le clavier de mes recherches. Le pays me semblait complètement fou et plein de contradictions. La Corée du Sud, bien qu'elle soit techniquement en guerre, s'était développée à une vitesse phénoménale. J'ai déniché des histoires qui me paraissaient incroyables, comme celle du roi Sejong, le monarque qui a été l'instigateur de l'alphabet coréen pour rendre la langue plus accessible au peuple.

J'ai tout de suite adoré. Était-ce la magie du « rêve coréen » ? De l'identité coréenne ? De l'intrigante spiritualité d'une société mêlant technologie et temples bouddhistes ? Je ne sais pas très bien, mais j'ai trouvé dans la Corée quelque chose qui me ressemblait. J'ai puisé dans ce sentiment pour reconnecter des parties de moi que j'avais enfouies sous le sable, pour prendre confiance en moi, créer un blog, rejoindre des associations. J'ai vécu mes passions, joué de la musique, fait des interviews. Je me suis perdue en voyage jusque dans les vieilles rues abîmées de Séoul. Et j'ai rencontré des artistes.

Ils sont nombreux à avoir profondément influencé mon expérience de la Corée. J'aimerais parler de chacun d'eux, mais il faudrait écrire un second tome de ce livre... Alors voici quelques portraits choisis dans les thèmes qui me sont chers : la musique et la danse.

Kang Saneh

Chanteur #folk #rock
#KoreanBobDylan

La première fois que j'ai rencontré Kang Saneh, nous étions en décembre 2012. Mon blog ne s'appelait pas encore *Corée Magazine*, mais *La Corée à Paris*. Je commençais à peine à développer mon projet, à prendre goût au jeu. Quand j'en parlais aux gens, on me regardait avec des yeux ronds : « La Corée du Sud ? C'est quoi ? »

De plus en plus de sites Internet français sur la Corée commençaient déjà à apparaître à l'époque, mais tous parlaient de *K-pop*. On y trouvait des articles sur les concerts qui se multipliaient à Paris, le nouveau clip des membres du groupe Big Bang, ou les derniers potins sur telle ou telle célébrité. Cela ne m'intéressait pas. Cela faisait d'ailleurs partie des raisons pour lesquelles j'ai lancé mon blog : je voulais découvrir ce qu'était la « vraie » Corée. Elle ne se résumait pas seulement aux idoles ultra-populaires ou au dictateur nord-coréen Kim Jong Un - c'était un tout, une culture, de la politique, du cinéma, du théâtre, de la danse… et aussi des choses moins belles à voir.

La *K-pop* a fini par me frustrer à un tel point que j'avais du mal à en parler. L'une de mes rédactrices pour *Corée Magazine* en plaisante souvent d'ailleurs, car elle a tenté de lancer la conversation sur le sujet la première fois que nous nous sommes rencontrées. Elle qui adore la danse, a toujours trouvé incroyable la manière dont les groupes de *K-pop* se formaient, ou la manière dont ils ont utilisé YouTube comme un vecteur de *buzz* autour de leurs titres pour devenir mondialement connus. Face à son analyse, j'ai fait l'autruche. Une réaction bien-sûr très bête - mais à ce stade de l'histoire, j'avais l'impression que c'était tout ce dont on parlait et je voulais montrer le reste.

Je n'ai donc pas pu résister à l'opportunité de rencontrer Saneh. Les promos de l'époque le surnommaient le « Bob Dylan coréen », le rockeur de la Corée. Il avait une image un peu bohème, un style rock, la jeune cinquantaine et une moustache. Ses textes poétiques avaient des titres si peu conventionnels que les DJs des stations de radio hésitaient à les mettre à l'antenne lorsqu'il sortait ses singles. Tout au long de sa carrière, il a défendu ses opinions et ses choix créatifs malgré la pression que lui imposaient les producteurs - le tout sans se départir de son accent de Busan. Il se situait à l'opposé de la *K-pop*, complètement hors des normes.

À lui seul, il représente aussi tout un pan de l'histoire du pays. Sa famille vient de Corée du Nord et Saneh a souvent raconté cet héritage dans son travail. Ses parents ont tous les deux été évacués d'Heungnam par les Nations Unies en 1950, au début de la guerre. Il est né treize ans plus tard sur l'île de Geoje, où il vivait avec d'autres réfugiés et des prisonniers de guerre jusqu'à la mort de son père. Par la suite, lui et sa mère ont déménagé à Busan où sa jeunesse a été marquée par la dictature militaire des années 1980 et le couvre-feu.

Lorsque je l'ai rencontré pour la première fois dans un bar à Paris, avec sa femme, j'ai tout de suite aimé le personnage. Sa voix, notamment. Elle est très grave et profonde. Elle fait un peu de lui une force de la nature - dans un contraste fort avec ses yeux qui pétillent et son regard d'enfant.

Tout le monde en Corée le connaît. S'il capte moins l'attention des jeunes générations, les parents sont fans et tous les artistes le respectent énormément. Je me souviens de cet épisode de télé-réalité coréenne où des chanteurs et des acteurs coréens allaient rencontrer des artistes. Lorsqu'ils ont été le voir chez lui, il était en train de couper les cheveux d'un de ses amis. Je trouve que cela résume bien le type de personnage qu'est Kang Saneh. Alors qu'il va recevoir une équipe de télévision, il dit à son pote : « pas de soucis, je te coupe les cheveux dans mon jardin ! »

Un artiste comme lui sort vraiment du lot en Corée, surtout lorsqu'on le compare au monde millimétré de la *K-pop*. Là où les concerts d'idoles reposent sur une fusion transcendante entre l'audience et les stars, ceux de Saneh à Paris ressemblaient plutôt à d'heureuses retrouvailles avec son public. J'ai fait plusieurs interviews de groupes après avoir enfin dépassé mon blocage, mais elles m'ont souvent frustrée car tout est crypté dans le monde de la *K-pop*. J'ai réalisé que la substance était difficile à trouver, car leurs discours et leurs moindres gestes sont cadrés, préparés, peaufinés - ce qui donne souvent des interviews aux questions-réponses tellement convenues qu'elles en sont inintéressantes. Tous les chanteurs commencent leur carrière très tôt, on les fait répéter, répéter, répéter la même chose pendant des heures. Ce sont des produits. Et moi, qu'est-ce que je peux faire avec un produit ? Je veux du réel, pas de la vitrine.

The Solutions

Groupe indie rock

#naru #parksol #kwonohkyung #parkhansol #happyrobotrecords

Chez mes grands-parents, il y avait un piano. Personne ne s'en servait en dehors de ma cousine. Un été, elle m'a appris les notes et à partir de là, j'ai commencé à en jouer dans mon coin. Je décodais des musiques simples, je composais des chansons – nulles, bien sûr, mais j'adorais ça. J'ai commencé à chanter et à jouer de la guitare.

Faire toutes ces interviews d'artistes liées à la Corée m'a permis de me reconnecter avec la musique. Une année, avec l'une des rédactrices de mon blog, nous avons enchaîné les interviews en Corée pendant deux semaines – les vacances les plus épuisantes de ma vie ! Au milieu de ce planning de ministre, nous avons eu l'opportunité d'interviewer le groupe The Solutions. Ils faisaient de la musique indépendante, un peu électro.

Leur studio d'enregistrement se trouvait à Hongdae, le quartier branché des jeunes, et nous avons dû en faire trois fois le tour avant de le dénicher. Les rues se croisaient de manière tellement biscornue que nous n'arrivions pas à nous repérer. À l'époque, les garçons n'étaient encore que deux dans le groupe (maintenant, ils sont quatre). Ils avaient à peu près notre âge et nous nous sommes vite très bien entendus, d'autant plus qu'ils devaient venir en France deux mois plus tard.

Nous les avons accueillis à Paris. Ils ont fait leur concert et pour eux, c'était incroyable d'être là. Je leur ai fait découvrir le vin chaud et le dernier jour, nous avons tourné une petite vidéo où ils ont joué en acoustique dans les rues romantiques de Montmartre. C'était amusant de partager la vie parisienne avec eux. Les Coréens adorent la France. Le chanteur, Sol, m'a dit une fois : « C'est incroyable, Paris. Vous avez tellement de culture dans les rues, les bâtiments. Nous, on n'a pas ça en Corée. » J'ai réagi avec surprise. Il y a tellement de traditions qui sont encore vivantes en Corée du Sud alors que j'ai la sensation que nous perdons beaucoup de nos racines et de notre histoire. Séoul n'a certes pas de très vieux bâtiments dans ses rues, mais c'est parce que la plupart ont été rénovés au XXe siècle. La guerre entre les deux Corées a fait aussi beaucoup de dégâts…

C'est probablement en partie pour garder contact avec leurs racines que les Coréens célèbrent les fêtes bouddhistes ou réinventent la dynastie Joseon dans les *drama* – car tout avance si vite, tout est si souvent détruit et reconstruit que les fossés entre générations se creusent à une vitesse ahurissante. Les membres de The Solutions ne sont pas vieux, pourtant ils font déjà partie d'une génération rattrapée par le changement : celle qui a connu les débuts de la *K-pop*, mais dont l'enfance a aussi été bercée par la musique folk rock. Le style du groupe est au croisement entre le rock et la pop, et s'intègre à la scène musicale indépendante coréenne (la *K-indie*). Cette dernière est vraiment riche et pleine de potentiel… mais son courant ne sera jamais aussi fort, en Corée ou dans le monde, que celui de la *K-pop*, sa rivale.

Lee Luda

Danseuse et chorégraphe
#Blacktoe #SocialDisDancing

J'ai découvert Lee Luda sur Instagram. Des vidéos d'elle apparaissaient de temps en temps sur ma *timeline* lorsqu'elle participait à des émissions télé ou à des défilés de mode pendant la Fashion week. Son style de danse me plaisait beaucoup.

Elle avait notamment créé une adaptation du *Lac des Cygnes* intitulée *Black Toe*, qui m'a rendue curieuse.

Je lui ai écrit pour voir si elle serait tentée par une interview. Elle m'a répondu assez vite et m'a invitée à aller dans son studio de répétition à Bundang. Avec un ami qui m'accompagnait pour la traduction, nous avons embarqué pour un voyage en voiture d'au moins une heure vers le sud de Séoul. Il faisait un temps magnifique ce jour-là. Son studio m'a impressionnée, avec ses immenses baies vitrées qui laissaient la lumière inonder l'intérieur. Des plantes coloraient l'entrée et sur la droite se trouvait le local de répétition et ses rangées de miroirs. À gauche, se trouvaient des tables et Lee Luda, qui nous avait préparé du thé à l'hibiscus pour nous accueillir. Des livres d'art, des tableaux, des photos de danse décoraient les murs et les étagères.

Toute la famille de Luda vient du milieu artistique. Sa petite sœur fait aussi de la danse classique et moderne. Sa mère était danseuse. Son père réalisait des films. Tout autour d'elle ressemblait au rêve que j'avais d'une famille d'artistes où l'art se transmet de génération en génération. Luda était tellement jolie, douce. Elle dégageait la retenue et la constance des danseuses étoiles. Nous nous sommes très bien entendues dès le début. La scène était parfois cocasse. Elle me disait : « Vous êtes tellement jolie. » Et je répondais : « Mais non, c'est vous ! » Dans un enchaînement de politesses, de modestie gênante et de compliments à la coréenne.

Lee Luda a réalisé très jeune qu'elle ne collait pas à l'image de la danseuse classique traditionnelle : elle était plus grande que les autres, elle avait plus de formes... Elle n'aimait de toute façon pas l'image clichée du tutu rose, de la posture droite ou de l'alignement parfait. Au fil des années, elle a décidé que, puisqu'elle ne voulait pas devenir un objet de perfection, elle créerait sa propre danse.

C'est comme cela que lui est venue l'idée de *Black Toe*, son interprétation du *Lac des Cygnes*. Tous les cygnes sont noirs. Elle y joue sur les opposés, les mouvements saccadés atténués par la souplesse et imagine un mélange unique de contradictions. Elle a créé quelque chose qui lui ressemble.

Les personnages comme Luda me fascinent et je crois qu'ils sont à la source de ma passion pour la Corée. Ils font des émotions leur métier, leur activité ou leur art. Ils m'inspirent, me donnent envie de concevoir des projets autour de mes passions. Au fond, je crois que j'essaye de trouver en moi ce qui leur ressemble.

Kim Boram

danseur et chorégraphe
#ambiguousdancecompany

J'avais un peu perdu de vue la Corée lorsque j'ai rencontré Kim Boram.

Je venais de déménager aux États-Unis. Au-delà du fait qu'il s'agissait d'un nouveau pays, d'un nouveau travail, de nouvelles personnes, et de vivre dans une autre langue, j'ai soudain été coupée de tous mes contacts habituels avec la Corée. La première chose que j'ai faite pour me reconnecter a été de chercher des restaurants coréens à San Francisco. Échec cuisant : même les bons n'arrivent pas à la cheville des restaurants parisiens ni, bien sûr, séoulites.

Très vite, je me suis rendue compte que la communauté coréenne de San Francisco était éparpillée dans toute la Bay - je n'y retrouvais pas ce sentiment de groupe fort et actif comme en France, et il ne s'organisait pas vraiment d'activités coréennes. On trouvait deux ou trois centres culturels à San Francisco, un autre à Los Angeles et plein d'associations - mais il n'existait pas vraiment de lieu commun, fort.

Cet éclatement était aussi dû au fait qu'aux États-Unis, les gens se connaissent, mais ne se voient jamais vraiment au-delà de leur cercle très proche (souvent la famille et les amis de l'université). J'ai eu la sensation que même si on appartenait à une communauté, on pouvait vite se sentir très isolé. Du coup, j'ai créé une communauté coréenne au sein de mon entreprise.

C'est dans ce contexte qu'une Coréenne de San Francisco m'a invitée à un spectacle qu'elle organisait pour le Festival des arts internationaux qui a lieu tous les ans. Elle faisait venir une troupe de danse moderne, Ambiguous Dance Company, créée par Kim Boram. J'y suis allée avec un peu d'appréhension. La danse moderne me donne toujours l'impression de tirer à pile ou face : est-ce que cela va être génial ou complètement raté ?

C'était génial. Tout allait très vite sur scène. Les mouvements partaient dans tous les sens, avec une structure et un rythme ahurissants. Le spectacle racontait l'évolution de l'homme moderne coréen, à certaines étapes de sa vie - être jeune et aller danser en boîte, décrocher son premier job, etc. Chaque segment avait un rythme différent, et une expression corporelle à part. Kim Boram abordait l'image de la société contemporaine coréenne avec tendresse, sans oublier le sens critique.

Le spectacle m'a plu, mais c'est l'après dont je me souviens le mieux. On m'a présentée à la troupe et nous nous sommes retrouvés dans une salle de réception. Enfin, je retrouvais la

Corée que je connaissais : des conversations animées en coréen et des cadavres de bières vides sur la table.

Tous étaient très timides avec leur anglais. Ils m'expliquaient qu'ils ne savaient pas bien parler la langue. Ça m'a amusée parce que tous les Coréens que j'ai rencontrés m'ont toujours dit la même chose - alors qu'il suffit d'un peu d'alcool pour que les langues se délient. Tout de suite, j'ai eu l'impression de faire partie de leur groupe.

Bien sûr, je ne suis pas naïve, je sais bien qu'en étant étrangère et en parlant peu coréen, on est naturellement l'objet de curiosité de la soirée. Pourtant, je me sens toujours à ma place dans cette atmosphère particulière et ses sonorités gutturales. Elle me donne l'illusion de retrouver mes racines, de rentrer chez moi. C'est étonnant - j'ai grandi en France, je n'ai côtoyé aucun Coréen pendant mon enfance. Alors pourquoi ai-je développé un sentiment fort de familiarité et d'appartenance ? Des fois, je me dis que c'est ridicule, que je devrais passer à autre chose. Je porte souvent un regard critique sur ces émotions vis-à-vis de la Corée pour tenter de me remettre à ma place. Je me demande toujours ce que je dois en faire. J'essaye parfois de m'en éloigner, et paradoxalement, je m'inquiète qu'elles disparaissent un jour. J'imagine que c'est ce qui rend les passions belles et pénibles - on y retourne toujours, quoi qu'on fasse.

J'ai revu Kim Boram l'année suivante, pendant mon voyage traditionnel de deux semaines en Corée. J'étais heureuse d'être de retour en atterrissant à Incheon. En sortant de l'aéroport, j'ai grimpé dans le bus pour faire le trajet jusqu'à Séoul - c'est mon petit rituel, plutôt que de prendre le métro. Je regarde le paysage depuis la fenêtre. Dehors défilent les terrains pauvres des bords d'autoroute et le lever du soleil qui n'a pas une couleur très normale, filtré par la pollution…

Quelques jours plus tard, j'assistais au nouveau spectacle de Kim Boram : *Thoroughly Desperately*, de la danse moderne excentrique sur le *Boléro* réinventé par Park Yon-bin dans *Ravel but Stravinsky*. C'était fabuleux et aussi un peu incongru. J'ai adoré l'audace de ce mélange de genres.

Après la représentation, j'ai retrouvé Boram dans un café pour discuter. Il m'a expliqué qu'il a toujours eu l'impression de manquer de connaissances formelles sur la danse contemporaine. Ce complexe ne l'a toutefois jamais empêché de faire ce qu'il aimait : exprimer le son par le mouvement.

La façon dont il aborde son art reste gravée dans ma mémoire. Il doit tout visualiser. Lorsque nous avons commencé l'interview, il a pris son carnet et son petit crayon et il a commencé à écrire « Corée Magazine » et « Nathalie ». Puis il a fait des petits gribouillages et, au fur et à mesure, il mettait notre discussion sur le calepin. À l'une de mes questions - « comment avez-vous réussi à mettre ces mouvements de danse moderne sur de la musique classique ? » - il a répondu en me faisant un dessin. Il voulait me montrer comment, lorsqu'il écoute la mélodie, il esquisse ses formes. Ce processus créatif - complètement unique car il ne ressemble pas du tout à la manière officielle de noter les chorégraphies sur papier - lui permet de préparer les pas de danse.

Littéralement, dans ce café, dans son langage, il a dessiné la musique sur du papier. J'étais fascinée. J'ai eu l'impression qu'il me laissait entrevoir une fenêtre vers un monde caché, un univers en dehors des normes établies, où tous ces artistes indépendants aux personnalités et aux créations en marge de la *Hallyu* continuent de m'attirer.

Un lieu fantastique, hors de portée.

Chapitre 6

Voyager

Irina Lyan
Russo-israélienne, 37 ans

Je n'ai jamais rencontré Irina Lyan. Nous avons passé trois ans à essayer de nous croiser et à nous manquer en France et en Corée. Alors je l'imagine. Petite de taille, avec une grande présence. Elle est humble, débordante de curiosité et bouillonnante d'énergie. De deux conversations Skype, je sais qu'elle a les cheveux noirs, coupés court autour de son visage, qu'elle sourit beaucoup et qu'elle préfère le thé au café.

Je suis vite arrivée à elle lorsque j'ai commencé ce livre. Elle est l'une des premières à avoir sérieusement étudié le phénomène de la Hallyu *au Moyen-Orient dans les sphères académiques. Elle a aidé à développer le Centre culturel coréen de Jérusalem. Elle a organisé en 2020 le 7*e *congrès de l'Association mondiale des études de la* Hallyu *(WAHS) à l'université hébraïque de Jérusalem. Elle y est désormais la directrice du programme des études coréennes.*

Mais ce n'est pas son CV rempli qui m'a convaincue de lui demander d'écrire un texte pour ce livre. C'est la manière dont elle m'a parlé des visiteurs du Centre. Comme une mère – fière, un peu fatiguée et aimante – car la Hallyu *est pour Irina une sérieuse affaire de transmission, un pèlerinage géographique et générationnel. Elle raconte comment elle a finalement réussi à trouver sa Corée à Jérusalem. Un voyage qui commence là où l'on ne s'y attend pas, en Russie…*

Pèlerinage en terre inconnue

par

Irina Lyan

Je suis née à Khabarovsk, en Union Soviétique, près de la frontière russo-chinoise, d'un père coréen naturalisé russe et d'une mère juive. J'ai grandi russe en mangeant coréen et en croyant à des valeurs juives.

À Khabarovsk, ce mélange de cultures n'avait rien de vraiment spécial. Plus d'un tiers de ma classe possédait des origines coréennes et ma meilleure amie était elle aussi russo-coréenne. Notre quartier, pauvre et aux marges de la cité, était peuplé de travailleurs chinois illégaux. Des touristes japonais et chinois arpentaient toute l'année les magnifiques églises dorées, les jardins, les grands boulevards et les magasins remplis de souvenirs russes du centre-ville. Nous portions tous un morceau différent de la diversité ethnique russe – et je n'ai jamais perçu ma religion ou mes traits asiatiques comme des éléments définissant mon identité.

Ce n'est que bien plus tard, en migrant à Jérusalem, que j'ai commencé à m'intéresser à cette partie de mes racines. J'étais supposée tout apprendre d'Israël, plonger dans son multi-culturalisme, découvrir son histoire, et pourtant, c'est la Corée du Sud qui m'a rattrapée.

Déjà petite, je la voyais comme un pays lumineux, beau, moderne, très distant. Tout ce que j'en connaissais venait de ma grand-mère. Je l'ai toujours tellement admirée : elle passait son temps à organiser des événements, entourée de dizaines de personnes. Elle travaillait au Centre culturel coréen de Khabarovsk et c'est elle qui a appris à ma mère à cuisiner. Au quotidien, elle nous préparait du riz, du kimchi et accompagnait le repas de sauce soja. Pendant les vacances, nous avions le droit à une version russe des plats traditionnels, comme les visqueuses nouilles *japchae*. C'est la seule tradition coréenne qui ait vraiment perduré dans ma famille.

Elle m'a raconté que nos ancêtres sont arrivés à la fin du XIXe siècle dans la Russie des tsars. Ils faisaient partie de toute une communauté, les « Goryeo-saram », qui a fui le nord de la Corée (encore baptisée Joseon à l'époque) sous l'occupation japonaise en quête d'un avenir meilleur et, surtout, de travail. Elle avait un an en 1937, lorsque mes arrière-grands-parents, comme presque deux cent mille autres Coréens, ont été déportés vers le Kazakhstan et l'Ouzbékistan par Staline. Le gouvernement les considérait comme une menace, « des gens peu fiables », trop similaires aux Japonais et aux Chinois. Pendant près de dix ans, ma famille vécut dans une incroyable pauvreté, car ils n'avaient pu emmener aucune de leurs possessions. Ce n'est qu'au début des années 1950, lorsque le régime de Staline s'est effondré, que les Coréens ont pu revenir en Russie et que mes arrière-grands-parents ont déménagé à Sakhalin avant d'être transférés à Khabarovsk.

Ils ont tous les deux insisté pour que ma grand-mère aille à l'université - elle rêvait plutôt de se marier -, car l'éducation a toujours été quelque chose de très important chez nous. Elle a travaillé toute sa vie comme économiste, puis à sa retraite, vers cinquante ans, elle a commencé à travailler au Centre culturel coréen de Khabarovsk.

Grâce à sa position, elle a pu se rendre en Corée du Nord à la fin des années 1980 pour un festival des femmes - en tant que membre d'une délégation soviétique. Elle m'a un jour confié que cela ne lui avait pas paru si différent de la vie en URSS : il n'y avait pas de liberté, on y était traqué tout le temps, les gens y étaient pauvres et vivaient dans des conditions similaires à celles que l'on trouvait en prison. En revanche, la Corée du Sud lui plaisait beaucoup. Elle lui donnait l'impression d'être un pays plus libre, plus riche, plus civilisé - comme le Japon.

Pour autant, ma grand-mère ne s'est jamais sentie coréenne. Comme mon père, elle a toujours insisté sur le fait d'être russe. Ses parents ne l'ont jamais envoyée à l'école coréenne - même si cela aurait été facile à Sakhalin par exemple, où vivaient une grande et riche communauté coréenne. Sa relation avec ses origines a toujours été très ambivalente. Elle n'a jamais bien parlé la langue, par exemple. Cependant, elle a toujours respecté la plupart des grandes traditions : les funérailles, le culte des ancêtres (*jesa*), la nouvelle année (*Seollal*) ou la fête de la moisson (*Chuseok*).

Comme la richesse qu'elle représentait, la Corée a toujours été loin de moi lorsque j'étais jeune. Ma sœur et moi ne nous y sommes jamais vraiment intéressées : nous étions bien plus curieuses de notre héritage juif. Ma mère nous envoyait tous les étés pendant trois semaines dans une colonie de vacances presque gratuite pour apprendre la culture juive. J'adorais y aller. Les instructeurs israéliens nous y enseignaient l'hébreu et les valeurs du judaïsme – à ne pas confondre avec la religion juive, que je n'ai jamais pratiquée.

Lorsque j'y repense, je m'étonne de n'avoir jamais imaginé pouvoir quitter la Russie quand j'étais jeune. Ce n'est que lorsque ma sœur a déménagé en Israël et que nous lui avons rendu visite avec ma mère en 1999 que j'ai eu un déclic. Je me souviens m'être tenue debout dans une rue bondée du centre-ville de Jérusalem, en plein cœur de la marée des touristes. Il n'y avait pas de place dans les cafés, des grands groupes suivaient des guides qui agitaient leurs petits drapeaux rouges. Les gens avaient tous l'air si différent et parlaient dans tellement de langues qui m'étaient étrangères… J'ai eu l'impression de me tenir au carrefour du monde entier.

Ce jour-là, je suis tombée amoureuse de cette internationalité. Et depuis, je n'ai plus jamais voulu retourner en Russie.

***

Ma première expérience de Jérusalem n'aurait pas pu être plus différente de ce qui m'attendait lorsque je m'y suis installée en août 2000, un peu avant la deuxième Intifada (qui a marqué une escalade meurtrière dans le conflit entre Palestine et Israël). Les ruelles étroites et les bâtiments n'avaient pas changé. Mais tout s'était vidé. Pendant cinq ans, jusqu'en 2005, les gens ont craint au quotidien les attaques et les attentats-suicides.

La ville ne m'a pas déçue pour autant. Malgré le climat d'angoisse qui régnait, j'aimais ma nouvelle vie. Le mélange de religions et d'origines me donnait le tournis et envie de tout comprendre.

Ironiquement, c'est à Jérusalem que, pour la première fois, je me suis sentie vraiment différente parce que j'étais à moitié coréenne. Le calcul était vite fait. La population totale d'Israël comptait neuf millions de personnes. Les juifs russes, qui venaient chercher de meilleures opportunités économiques, en représentaient environ un million. Souvent perçus comme des profiteurs, ils étaient stigmatisés - mais j'étais un cas à part. J'étais juive russe *et* coréenne. Nous ne courrions pas les rues. Tous les jours, les gens me demandaient d'où je venais. Ils me disaient que j'étais « belle ». Je n'étais pas habituée à recevoir autant d'attention. Soudain, être coréenne était devenu un avantage, mon atout, quelque chose qui me plaisait et me faisait me sentir spéciale.

On m'associait aussi souvent à l'une des autres minorités atypiques en Israël : les Coréens chrétiens. Cette communauté est très intéressante, très forte et très religieuse. Ma sœur s'y était fait plusieurs amis et je les ai rencontrés lorsque je suis arrivée. Je m'en suis toutefois vite éloignée car je ne me sentais pas toujours à l'aise. On me poussait sans cesse à me convertir...

Ces interactions ont cependant allumé ma curiosité. J'ai voulu en apprendre plus sur la Corée. À l'époque, le programme de coréen n'existait pas à l'université hébraïque de Jérusalem, alors j'ai pris des cours de langue, d'histoire et de culture coréennes à l'université en parallèle de ma licence en littérature, en sociologie et en anthropologie anglaises. À la fin du semestre, j'ai rendu un mémoire sur les étudiants coréano-chrétiens de la ville. Pendant un an, presque tous les samedis, je me rendais dans les églises coréennes. J'assistais à leurs cours de catéchisme. J'allais dans leurs appartements. Je me rendais à leurs rassemblements communautaires et je participais à leurs événements culturels. Mais je ne parlais pas le coréen et je n'étais pas chrétienne, alors même si je m'y intéressais, à leurs yeux... je restais une étrangère.

***

« Je ne peux pas expliquer ma relation personnelle aux séries coréennes, je me sens comme à la maison… Je meurs d'envie d'aller là-bas, en Corée, et j'ai le sentiment que lorsque j'y serai, ce sera comme rentrer chez moi. »
Témoignage d'une Israélienne interrogée par Irina Lyan et Alon Levkowitz

***

Tout a changé lorsque j'ai rencontré M. Cho. Il avait fondé le Centre culturel coréen de Jérusalem - une tâche normalement à la charge de l'ambassade - avec son propre argent.

Je ne me souviens pas vraiment de la manière dont nous avons fait connaissance, mais je me souviens de notre première discussion. Elle est gravée dans ma mémoire, comme ce jour où, au cœur des rues bondées de Jérusalem, j'ai décidé de quitter la Russie. Je lui ai demandé pourquoi il avait décidé d'ouvrir ce centre lui-même. Il m'a répondu que dans la rue, les gens l'interpellaient toujours pour savoir s'il était chinois ou japonais - jamais s'il était coréen. Il m'a expliqué que les Coréens chrétiens en savaient beaucoup sur Israël, mais que l'inverse n'était pas vrai et qu'il voulait changer cela. J'ai immédiatement vu où il voulait en venir. J'étais aussi fréquemment l'objet de ces questions lorsque je me baladais en ville. Parfois je blaguais même en prétendant que j'étais moitié marocaine, moitié nord-coréenne.

J'avais d'ailleurs conclu mon mémoire sur cette frontière hermétique entre la communauté coréenne d'Israël et le reste du pays. Elle gardait les étrangers à distance, mais elle empêchait aussi les Coréens de se mêler aux Israéliens. M. Cho voulait réparer ce lien rompu, et moi aussi. Il avait besoin d'une personne « comme moi », alors j'ai immédiatement accepté son offre de travailler pour lui. J'étais impatiente de commencer.

La mission de M. Cho est devenue ma mission : remplir le centre. Il m'a donné beaucoup d'autonomie pour essayer d'accomplir son rêve. C'était la première fois que je gérais quelque chose (je n'avais eu jusque là que des jobs de serveuse) et que quelqu'un croyait en moi.

On était en 2006. Je l'ignorais encore, mais ma vie venait d'être complètement changée. Travailler au Centre culturel, d'une certaine manière, allait être ma manière de découvrir comment devenir coréenne. C'était le début d'une quête identitaire. Même si, techniquement, je suis en partie coréenne et qu'on peut le voir sur mon visage, je n'ai jamais été coréenne. Je ne le suis pas davantage aujourd'hui, et je ne crois pas que je le serai un jour.

J'ai commencé par répertorier tous les Israéliens qui avaient des relations avec la Corée dans des sous-catégories comme « hommes d'affaires », « couples mariés », « étudiants chrétiens coréens », « diplomates » et « Israéliens qui s'intéressent à la Corée et à l'Asie en général ». Nous avons commencé par des cours gratuits de langue coréenne, des projections de films, des ateliers culturels et plein d'autres évènements.

Personne, ou presque, n'est venu. Malgré les échecs à répétition, j'ai continué d'essayer. Lorsque je tentais de convaincre mes amis de l'université d'étudier la Corée, ils me regardaient avec un air ennuyé en me demandant pourquoi ils devraient perdre leur temps avec ça. C'était un fiasco – et aussi la chose la plus difficile que j'ai faite de ma vie.

Six mois plus tard, mon mari m'a proposé de partir avec lui voyager en Asie et j'ai décidé de l'accompagner. J'ai trouvé un remplaçant, j'ai écrit des directives et fait une liste sans fin d'idées d'améliorations. Puis j'ai embarqué direction le Népal, l'Inde... et la Corée pendant un mois. J'étais tellement heureuse. Mon mari m'avait fait la surprise : je n'avais même pas songé à m'y rendre !

Nous avons décidé de rester une semaine à Séoul, puis de voyager pendant deux ou trois jours dans d'autres endroits. Après le Népal et l'Inde du Nord, la Corée nous a fait un choc. Les tarifs nous semblaient hors de prix (ils rappelaient ceux d'Israël) et nous attirions les regards avec nos énormes sacs à dos et nos vêtements bon marché. Mon coréen n'était pas très bon, mais il nous a sauvés de nombreuses fois. Les gens se montraient très gentils et curieux de notre culture. Ils nous invitaient à manger avec eux, dans leurs églises et même à un mariage ! Les gens, les lieux, tout était incroyable, mais aussi intense.

Pendant nos voyages, j'écrivais au Centre culturel coréen, mais je ne recevais pas beaucoup de nouvelles. Alors à notre retour, j'ai couru sur place. Je n'en croyais pas mes yeux. Je n'ai pas reconnu l'endroit. L'accueil recevait des dizaines d'appels téléphoniques, la boîte mail débordait de courriels et la liste d'attente pour s'inscrire aux cours de coréen était interminable. D'une certaine manière, la Corée s'était rapprochée d'Israël en mon absence. J'étais dévastée. C'était donc moi, la raison de nos précédents échecs ?

Puis j'ai entendu parler de *My Lovely Sam-Soon*, un feuilleton télévisé coréen qui avait été diffusé sur la chaîne israélienne Viva pour la première fois en 2006. La série avait connu un tel succès qu'elle a ouvert la voie à des dizaines de téléfilms coréens qui ont ensuite été diffusés sur la même chaîne.

J'ai rarement connu pareil soulagement. Ce n'était pas de ma faute ! Mieux encore, un « miracle culturel » s'était produit et quelqu'un m'avait aidée dans ma mission et mon travail.

En Israël, tout a commencé avec les séries télé, mais ensuite, la *K-pop* est devenue le principal moteur. Plus de 90% des visiteurs venaient à cause de la vague culturelle coréenne, la *Hallyu*. Elle a incité les Israéliens à s'intéresser à la Corée, à sa langue. L'une des choses qui me surprenaient le plus : les filles venaient avec leurs mères. Leur passion se vivait en famille. À l'époque, je voyais tout cela seulement d'un point de vue positif (aujourd'hui, je suis davantage critique). J'étais simplement reconnaissante à tous ces fans qui permettaient à la vague de s'emparer du monde et d'Israël.

Désormais, mon travail est de nuancer les points de vue. En parallèle des fans, je rencontre en permanence des gens qui regardent de haut la *Hallyu*, parce que c'est une « sous-culture » aux codes étranges, que c'est de la *K-pop*, etc. Si quelqu'un a une vision trop positive de la Corée, j'essaye de leur donner plus de contexte sur ses travers, et je fais l'inverse si quelqu'un n'en voit que le négatif.

***

> *« S'il vous plaît, transmettez ce message à tous les Coréens de Corée du Sud. Dites-leur combien de gens les aiment, eux et leur culture, en Israël. Faites-leur savoir à quel point nous avons de l'amour pour eux. Et faites savoir aux Israéliens qu'il y a les Coréens et qu'ils sont incroyables. »*
> Témoignage d'une Israélienne interviewée par Irina Lyan et Alon Levkowitz

***

En 2011, j'ai reçu un appel du Dr Alon Levkovitz, qui travaille sur les questions de politique et de sécurité coréennes. Quand j'ai décroché, j'étais loin de me douter que cet appel allait de nouveau changer ma vie.

« Ces femmes qui aiment la Corée à cause des séries télévisées... écrivons un article sur elles ensemble », m'a-t-il proposé. L'offre était trop tentante. « Juste un article », me suis-je dit, « et je reviendrai à la collaboration internationale. »

Ni Alon ni moi n'avions d'expertise en matière de culture populaire. Nous sommes partis de zéro. Nous avons lu le peu d'ouvrages écrits sur la question. Nous avons cartographié les communautés en ligne, participé aux événements organisés pour les fans, nous leur avons parlé et nous avons regardé des *drama* coréens. Ensuite, j'ai rédigé une enquête avec l'aide de mes amis fans de *Hallyu*. Nous n'attendions pas grand-chose du questionnaire, mais environ 400 personnes (seulement 5 hommes...) ont répondu. Les fans étaient heureux de recevoir de l'attention, de répondre aux deux questions et d'ajouter leurs impressions.

***

> « *Jusqu'à aujourd'hui, je pensais que l'Est était le bout du monde. Dans le premier* drama *coréen que j'ai regardé, je n'ai pas aimé la langue et j'avais le doigt prêt à appuyer sur le bouton de la télécommande pour changer de chaîne. Mais je m'y suis habituée et aujourd'hui, regarder un* drama *est comme rentrer à la maison. J'étais probablement coréenne dans une vie antérieure...* »
> Témoignage d'une fan israélienne recueilli par Irina Lyan et Alon Levkowitz

***

La reconnaissance rencontrée par notre travail nous a surpris. J'avais aussi été invitée à tenir des conférences en Amérique, en Angleterre ou en Corée pour présenter nos conclusions. Inspirée par ce succès, j'ai suggéré d'organiser une conférence internationale sur les fans de la *Hallyu* au Moyen-Orient au professeur Nissim Otmazgin, qui travaillait sur la culture populaire d'Asie de l'Est. Nous avons reçu des articles de recherche sur l'arrivée de la vague culturelle coréenne en Iran, en Turquie, en Égypte...

Je trouve cela amusant qu'aujourd'hui, ce genre de recherche ciblée sur l'expansion géographique m'ennuie profondément. L'effet de nouveauté est passé. Ces articles manquent souvent de vraies preuves, de réflexion – ils ne font que cataloguer des observations. J'en suis au point de penser « Oh, non ! Encore un article sur la *Hallyu* qui arrive quelque part... » dès que je dois en lire un. Il est vraiment temps de passer à autre chose. Mais à l'époque, nous réalisions que la vague coréenne ne marchait plus seulement qu'en Asie, mais qu'elle s'était déjà propagée dans tout le Moyen-Orient. Cela marquait le début de quelque chose de nouveau. C'était comme me retrouver une nouvelle fois entourée de toutes ces voix et ces langages au carrefour de Jérusalem. J'étais bouleversée : nous avons reçu une délégation de la World Association of Hallyu Studies (WAHS) qui venait d'être créée à l'université de Corée à Séoul. Les médias israéliens et coréens, la BBC News et même la chaîne panarabe Al Arabia ont couvert l'évènement...

Avec Alon, Nissim et notre assistant de recherche Alaa Obeid, nous avons décidé de mener de nouvelles recherches. Peu importe leurs origines, juives et israéliennes ou arabes et palestiniennes, la plupart des fans nous expliquaient qu'ils trouvaient refuge dans la culture coréenne. Cela m'a poussée à m'intéresser à l'étymologie du mot fan, un raccourci de « fanatique » apparu au XIXe siècle. Les journaux peignaient les fans comme des addicts, obsédés par leur passion. Mais l'étymologie de fanatique vient elle-même de *fanum* en latin, « temple » ou de « sanctuaire », qui signifient aussi « refuge ». J'ai donc essayé de percevoir les fans de leur propre point de vue. Je n'étais pas une fan moi-même, mais je pouvais tenter de comprendre comment ils se sentaient ou de quelle manière leur *fandom* était leur temple. Si la *Hallyu* incarnait un refuge pour eux, cela allait aussi avec la symbolique du voyage, du pèlerinage…

En juillet de la même année, *Gangnam Style* de PSY est devenu un phénomène mondial. Le clip parodique, connu pour sa danse qui imite le trot d'un cheval, se diffusait partout. Avec le professeur Limor Shifman, qui travaille sur l'humour et les mèmes sur Internet, et Sulafa Zidani, alors étudiant en maîtrise de chinois et d'études médiatiques, nous avons mené une recherche comparative sur les mèmes de « Gangnam Style » - en Israël et au Moyen-Orient, en hébreu, en anglais et en arabe. Nous étions fascinés parce que les gens changeaient au moins temporairement leur vision de la Corée en regardant le clip drôle, coloré et décalé de PSY : ils ne pensaient plus à la Corée du Nord ou à la réputation du pays, juste à la musique.

En voyant toutes ces vidéos de remakes faites par des Syriens, j'ai aussi réalisé : qu'est-ce que je connais de la Syrie ? J'avais en tête la dictature, le conflit - et soudain, je pouvais voir des enfants s'amuser, danser, chanter. Ma vision de la Syrie s'était étoffée grâce à ces vidéos. J'ai théorisé qu'en consommant de la pop culture, on pouvait élargir son image du monde : ne plus simplement penser à la Syrie comme à un endroit dangereux, mais aussi comme à un lieu où les gens dansent et s'amusent. Toutes ces images et ces stéréotypes nous permettent de gagner du temps, de catégoriser des pays et des cultures qui sont trop complexes pour que l'on s'imprègne de tous leurs détails. La pop culture peut nous permettre d'*agrandir* cette perception. Voir des parodies, des remakes de *Gangnam Style* dans tant d'endroits différents, cela nous donnait un court moment l'occasion de voir ce qui s'y passait.

En Israël, les *remakeurs* prenaient le parti de l'humour avec des vidéos intitulées *Israeli Defense Forces Style*. En Palestine, ou dans de nombreux pays du Moyen-Orient, il s'agissait surtout d'un outil de critique politique et un signe de protestation avec des vidéos intitulées *Gaza Style* pour attirer l'attention du monde sur la zone de conflit. Au cours de nos recherches, nous sommes aussi tombés sur des histoires incroyables : une vidéo devenue virale montrait comment un groupe de soldats israéliens en patrouille à Hébron avait entendu la mélodie familière de *Gangnam Style* et s'était joint à une fête de mariage palestinienne.

Il serait complètement illusoire de penser que *Gangnam Style*, ou la culture populaire en général, pourrait apporter la paix au Moyen-Orient. Mais cela valait la peine de se pencher sur le cas d'une chanson étrangère qui avait tout de même pu – au moins temporairement – amener des rivaux de longue date à danser sur le même air.

***

> « *Pendant les jours de guerre [et des affrontements de 2012] en Palestine, nous ne dormions pas du tout parce que nous vivions près des tunnels. Toute la journée et toute la nuit, des missiles étaient tirés, les sirènes des ambulances retentissaient et les enfants effrayés pleuraient. Dans ces moments-là, je m'écartais du groupe pour me réfugier dans mon monde préféré. J'allumais n'importe quoi, un* K-drama, *une chanson de* K-pop *– je montais le volume au maximum pour ne plus rien entendre ou ressentir. On peut dire que j'échappais à la peur et à la réalité.* »
> Témoignage d'une Palestinienne recueilli par Alaa Obeid

***

Lorsque j'ai finalement terminé mes deux thèses : l'officielle, sur les collaborations commerciales internationales israélo-coréennes et l'officieuse, sur la *Hallyu*, je me suis fait la promesse d'arrêter de me disperser et de me concentrer uniquement sur le domaine du management international. Bien entendu… je ne m'y suis pas tenue une seule seconde.

J'ai toujours eu du mal à vraiment m'engager avec mes recherches sur la *Hallyu* - alors qu'a posteriori, c'était clairement ce que voulais faire. Je crois que je m'inquiétais de ce que les autres allaient penser. Lorsque je parlais à mes collègues de mes deux projets, la plupart s'étonnaient que je perde mon temps avec un sujet aussi trivial que la culture populaire. Mon objectif était d'obtenir un poste à l'université - et on me disait en permanence que je ne devrais pas mentionner ce genre de recherche dans ma bibliographie, car cela pourrait m'empêcher d'être prise au sérieux. Au mieux, cela ne compterait pas et ce serait vu comme un passe-temps mignon - alors j'ai continué d'agir comme s'il s'agissait d'une activité annexe.

J'étais dans cet état d'esprit lorsqu'en 2018, nous avons été contactés au sujet de notre article sur les *fandom* israéliens et palestiniens par une doctorante de l'université de New York. Elle avait obtenu une bourse internationale (Davis Project for Peace) et avait décidé d'organiser un cours d'été intensif de langue coréenne avec des étudiants arabes et juifs à l'université hébraïque. Le projet visait à réunir deux groupes qui, proches géographiquement, n'avaient pas beaucoup d'opportunités d'interagir de façon significative. Nous étions très surpris (et touchés) que notre recherche inspire une action visant à créer un terrain d'entente entre deux groupes en conflit grâce au coréen. (Évidemment, cette expérience a pris fin et n'a pas permis d'obtenir la paix entre la Palestine et l'Israël !)

J'ai trouvé cela naïf que certains pensent qu'ils pourraient accomplir un objectif pareil avec la culture populaire. Elle est là pour nous divertir, pas pour résoudre nos conflits. Ce n'est pas son rôle, parce que c'est quelque chose que nous devons réaliser nous-même. Il y était toutefois encourageant de voir des personnes éparpillées dans le monde entier se passionner pour les mêmes contenus. Cela me fait penser à la théorie de Thomas Friedman. En 1999, il écrivait qu'il n'y a pas « deux pays ayant un McDonald's et qui se sont affrontés dans une guerre depuis que chacun a son McDonald's ». C'est factuellement complètement faux (il y a eu de nombreux conflits armés entre pays ayant leurs McDonald's), mais son argument n'en reste pas moins intéressant : McDonald's connecte bien des gens à travers le monde – ne serait-ce qu'en leur offrant un lieu familier un peu partout sur la planète. Avec Internet, ce point de contact est partout et nulle part à la fois.

Plus tard, la même année, je suis partie pour un poste de post-doctorante à l'université d'Oxford, cette fois-ci déterminée à me consacrer à la publication de mon doctorat et à commencer à travailler sur un projet de livre. C'était peine perdue. Même en Angleterre, je me suis laissée distraire par la *Hallyu* avec deux projets : un, sur les tentatives des fans de créer de petites entreprises autour de leur passion et un projet en solo pour tenter de comprendre pourquoi des non-Coréens veulent tant promouvoir la Corée alors qu'il ne s'agit pas de leur culture originelle.

J'ai également assisté au concert des BTS à Wembley. C'était un choc de réaliser que j'avais interviewé des fans, que je leur avais parlé sur Facebook, que j'étais devenue amie avec eux, mais que je ne les avais jamais vus en action : s'animer, danser, aller aux concerts… L'une des fans devant moi brandissait un *lightstick* (une lourde lampe lumineuse) et n'arrêtait pas de me frapper avec par accident. Elle s'excusait à chaque fois : « Oh mon dieu, je suis désolée » avant de recommencer. Cela m'a fait penser au chamanisme, avec ses concepts de transe et d'euphorie. J'y ai vu quelque chose de proche de la religion dans la manière dont ils aiment et célèbrent leurs idoles. Je le dis toutefois avec précaution, parce que ces fans n'étaient pas toujours des fanatiques dans le sens commun du terme et qu'il ne s'agit pas de l'image qu'ils m'ont donnée.

À Wembley, j'ai en tout cas vu ce que cela signifiait *d'être* fan. Cela m'a ouvert les yeux et m'a poussée à devenir plus humble. En tant que non-fan, je ne crois pas que je pourrais vraiment comprendre pleinement cette passion, ce dévouement. Une nouvelle fois, je me retrouvais au milieu. Je n'étais pas coréenne, je n'étais pas une fan. Cet entre-deux est un thème qui semble toujours revenir dans ma vie. Où est ma place, où dois-je aller ?

Ironiquement, il m'aura fallu du temps pour comprendre ce que je répète à mes étudiants depuis toutes ces années : nos intérêts de recherche découlent de nos motivations personnelles. C'est seulement ce jour-là que j'ai enfin saisi la similitude qu'il y avait entre une Coréenne de la diaspora comme moi et une fan de la *Hallyu*. Toutes les deux, nous nous approprions une culture étrangère, et toutes les deux, nous sommes engagées dans un voyage sans fin entre de multiples identités, de multiples cultures et de multiples lieux. Ces émotions et ces histoires ne nous appartiennent pas, pourtant, d'une manière inexplicable, elles nous appellent dans leur refuge.

Chapitre 7

Raconter

Ophélie Surcouf
Française,
26 ans

Je vais être honnête, je me suis arraché les cheveux sur les portraits de ce chapitre. Je l'avais conçu comme les autres : un personnage, une histoire. Mais au moment de l'écrire, rien ne venait. J'ai retourné le problème dans tous les sens : est-ce qu'il s'agissait d'un mauvais casting ? Trouver les personnes qui composent ce livre n'a pas été une mince affaire. Le contenu de mes interviews était-il trop pauvre ? L'exercice de se livrer aussi intimement n'est pas au goût de tout le monde. Puis j'ai réalisé en réécoutant mes entretiens que je n'avais pas posé les questions que j'aurais dû. Que je me suis égarée à chaque fois. Qu'au fond, ce que je voulais de ces trois protagonistes, c'était leur savoir, car je les avais choisis par passion – ma passion. Celle de la création des séries coréennes. À travers eux, je ne cherchais pas à comprendre pourquoi ils étaient amoureux du petit écran coréen, mais pourquoi moi je l'étais. Égocentrique, j'en conviens, mais j'ai de la chance, nous sommes dans mon livre !

Laissez-moi vous emmener à la rencontre d'un réalisateur de génie, d'un scénariste amer et d'un assistant réalisateur bavard, le temps de trois brèves histoires qui n'ont aucun lien entre elles – à part peut-être celui de l'amour de la caméra.

Histoires en mouvement

JIN HYUK
décembre 2016

Jin Hyuk m'attend dans un café branché d'Apgujeong, un quartier *hipster* au sud du fleuve Han. Bien que je sois arrivée à Séoul il y a six mois, c'est la première fois que je mets les pieds dans ces rues propres de Gangnam. Elles respirent les relents de richesse, jusque dans les cafés où les *americanos* sont vendus 6000 wons (5,50 euros) et les thés au pamplemousse 8000 (7 euros).

Pour la première fois depuis longtemps, je suis profondément intimidée avant une interview. Mon amie Yoo-jin m'a accompagnée pour m'aider avec la traduction. J'ai préparé des pages de questions, chargé toutes les batteries de ma caméra à bloc, mon téléphone est prêt à enregistrer et j'ai un carnet vierge dans mon sac. J'ai fait mes recherches et je sais à quoi mon interlocuteur ressemble.

Personne ne reconnaîtrait Jin Hyuk dans la rue, car ses œuvres sont plus célèbres que lui. Il a entre autres réalisé deux de mes séries préférées : *City Hunter* et *Shining Inheritance*, qui ont également connu un gros succès auprès des publics coréen et international. Il est pour moi le seul à savoir diriger le très (très) célèbre acteur Lee Min-ho (qui ne brille jamais autant que dans ses *drama*). Il fait éclore des stars (tous ses acteurs ont eu de grandes carrières). Surtout, il sait capturer l'émotion et créer des personnages uniques. Aucun de ses projets ne m'a vraiment déçue, même si certains ont moins séduit le public.

J'appréhendais vraiment de lui parler. Je crois que lorsqu'on rencontre une idole, le plus souvent, c'est la déception. Ma pire angoisse était de me retrouver face à lui, dans un pathétique échange de « J'adore ce que vous faites. – Merci. – Non, vraiment », sans savoir quoi dire d'autre. Apparaître comme une fan, finalement, et non comme une journaliste.

Un homme de taille moyenne, bonhomme, avec des lunettes rectangulaires et transparentes calées sur le nez, nous attend sur le perron du café, tout sourire. Il porte un t-shirt simple uni, qui me fait me sentir mieux d'être venue en jean et baskets. « Opélie-shi ? », me demande-t-il en utilisant la prononciation coréenne de mon nom. Je suis la seule personne blanche avec un appareil photo et un trépied dans la rue – c'est pratique, mon identité ne laisse aucun doute. « *Annyeong-haseyo ! Nae chingu, Yoo-jin* (Bonjour ! mon amie Yoo-jin) », je réponds maladroitement avec un accent à couper au couteau en désignant mon amie.

Nous avons discuté projets, inspirations, réalisation, frustrations. L'interview en elle-même, publiée trois ans plus tard avec quelques mises à jour, me paraît bien loin aujourd'hui. La gentillesse, l'ouverture d'esprit et l'amitié de Jin Hyuk, en revanche, sont restées avec moi. C'est ce genre de personne, rare, qui donne sans compter et sans rien demander en retour.

Je crois qu'il fait cela sans réfléchir, pour satisfaire sa curiosité et par peur de l'ennui.

Il m'a beaucoup aidée à travers les années, professionnellement, et a toujours été là pour discuter sans détours de la grosse machine à produire les séries coréennes. Il a aussi plusieurs fois disparu pendant des mois durant, lorsqu'il travaillait sur ses nouveaux *drama* et que ceux-ci lui demandaient chaque seconde de son temps et de son énergie.

Je ne m'en suis jamais vexée : ainsi vont les Coréens. Trop présents, trop absents, ils ne font jamais dans la demi-mesure et c'est quelque chose qui m'a toujours un peu perdue et qui a rendu difficiles mes relations avec eux. De toute façon, avec Jin Hyuk, nous n'étions pas assez proches pour que cela me touche personnellement. J'étais juste l'une des personnes qui gravitait autour de lui, fascinée par sa créativité et son talent.

À l'époque, il était encore réalisateur attitré chez SBS, l'une des chaînes publiques coréennes. Tous les ans, on le chargeait de réaliser et produire un *drama*. La tâche était titanesque : il devait trouver un ou des scénaristes, travailler l'histoire en amont, s'occuper du casting, puis diriger tout le tournage. Ce qui, pour offrir un point de comparaison, représente près de dix postes différents dans notre industrie européenne - *jamais* toutes ces tâches ne seraient confiées à une seule personne !

Jin Hyuk a enchaîné les succès d'audience - après avoir été révélé par *Shining Inheritance* - ce qui lui a permis d'avoir une certaine liberté créative sur ses *drama*. Mais arrivé à *Legend of the Blue Sea*, une superproduction alliant scénariste stars, acteurs ultra-connus, tournage sous l'eau en Espagne et à Séoul... Jin Hyuk en a eu assez. Ce *drama* a été une déception de son côté : il voulait en faire son œuvre, et tout le monde s'en est mêlé. Lui et la scénariste ont passé leur temps à gérer les égos des uns et des autres, au lieu de se concentrer sur leur travail. Il a quitté son emploi stable chez SBS et s'est mis à son compte.

Sa décision correspondait bien à l'ère du temps. Les chaînes câblées comme TvN, OCN ou JTBC employaient plutôt des indépendants et offraient une liberté créative bien plus grande. Or, en 2017, TvN enchaînait les records d'audiences. Avec le *drama Goblin* en début d'année, elle a atteint les 21%, un chiffre déjà synonyme de beau succès sur une chaîne publique qui fut un raz-de-marée pour TvN.

J'ai revu Jin Hyuk plusieurs fois ensuite, lorsque je suis retournée en Corée. Très curieuse, je lui ai posé une avalanche de questions sur son expérience en Chine, où il a affronté échec après échec pendant près de deux ans. Il y est parti avec le rêve de devenir réalisateur de long-métrages, et il en est revenu bredouille à Séoul, prêt à retourner faire des séries pour les chaînes traditionnelles. Il n'osait pas trop en parler en anglais, par peur de faire des faux pas et de mal s'exprimer. Parler de la Chine à tort et à travers, c'est potentiellement se mettre en danger et probablement mettre en danger ses proches - alors on le fait à couvert.

Il faut dire qu'au moment où Jin Hyuk est parti, entre 2016 et 2017, les tensions entre la Corée du Nord et les États-Unis ont escaladé : le système de missiles américain Thaad, installé en Corée du Sud, était directement pointé vers le Nord. La Chine, alliée du Nord, a fait pression sur le Sud à travers diverses stratégies. La principale consistait à bloquer l'importation de contenus culturels sud-coréens comme la *K-pop*, les films ou les séries coréennes. Le tourisme a également beaucoup pâti de cette censure, car les opérateurs chinois ne vendaient plus de voyages au Pays du Matin calme. Cette interruption a coûté cher à l'industrie sud-coréenne qui a dû se réinventer pour amortir le choc - notamment en coupant les budgets et en s'ouvrant davantage à l'étranger. Par exemple en laissant des plateformes étrangères de streaming comme Netflix s'introduire dans le marché...

Je ne sais pas pourquoi l'industrie derrière les *drama* coréens me fascine tant. Les coulisses de Hollywood ou de Bollywood, par exemple, m'ont toujours laissée indifférente. Jin Hyuk a été ma première porte d'entrée dans ce monde glamour que j'ai découvert à travers les *drama*. Savoir ce qu'il s'y passe vraiment dans les coulisses, quelles sont les luttes de pouvoir entre les différents acteurs du milieu, avoir des opinions éclairées de gens qui savent quelles sont les réalités du travail... Je ne sais pas si c'est mon métier de journaliste ou un besoin de rationaliser mes passions, mais j'ai eu envie d'en connaître les rouages. En fait, cela me donne une sorte de légitimité : si je ne consomme pas passivement, si je suis prête à regarder ce qui ne va pas avec ce que j'aime droit dans les yeux, alors je pense que je ne suis pas une fan comme les autres.

PARK JIN-WOO
février 2017

Je n'ai rencontré le scénariste Park Jin-woo qu'une seule fois, dans un café, le temps d'une interview. Je me souviens qu'il faisait très froid dehors, et que mon gobelet de thé me réchauffait à peine les mains. Entre nous, mon amie Yoo-jin faisait l'interprète tout en prenant des notes pour éviter de se perdre.

Park Jin-woo n'est pas très connu dans le milieu. Il a écrit l'intrigue de *Doctor Stranger*, un *drama* qui raconte l'histoire ubuesque d'un chirurgien nord-coréen qui s'est échappé vers le Sud. Son visage, creusé par les rides, était à moitié caché derrière une grosse paire de lunettes rondes. Le ciel, généralement ensoleillé en hiver, était gris, presque blanc, ce jour-là.

Je crois que je m'attendais à rencontrer quelqu'un d'épanoui dans son métier créatif. Il est très difficile de s'écarter du chemin tracé par le système éducatif coréen, celui qui vous envoie tout droit vers des postes chez Samsung ou Lotte. Mener une carrière ailleurs que dans le commerce, l'ingénierie, la loi ou la médecine, c'est un choix fort. J'imaginais assez mal qu'on puisse le faire sans être sûr de soi.

On ne peut pas dire que Park Jin-woo était épanoui. Il était plutôt bourré d'amertume – et c'est peut-être pour cela que notre rencontre m'a tellement marquée. Il n'a pas cessé de répéter qu'il n'avait pas le talent nécessaire pour survivre dans ce milieu. Pour lui, il était impossible d'imaginer sur demande ou de se plier au rythme fou demandé par les chaînes de télévision : il y a un peu plus de quatre cents scénaristes de *drama* et seulement la moitié d'entre eux parviennent plus ou moins à en vivre. Non seulement il est très difficile d'intégrer les rangs, mais le métier ne paye pas bien, surtout au début. « L'un des plus gros problèmes », nous a raconté Park Jin-woo, « est que nous ne touchons pas un centime si le *drama* est finalement annulé. On écrit 30 à 40% du *drama* et puis… rien. C'est dans le contrat. »

Si le *drama* est accepté, en revanche, le scénariste écrit seulement une partie du script avant le tournage. Il faut ensuite continuer d'écrire pendant la réalisation. « Dans mon cas, je m'enferme et j'écris parce que je dois écrire, je n'ai pas le choix. Je préférerais commencer à tourner une fois que j'ai terminé de tout écrire : il n'y a aucune créativité possible lorsqu'on a si peu de temps. Certains auteurs y arrivent, mais pas moi. »

Il faut dire qu'en Corée, les conditions de travail des scénaristes des années 2010 ne favorisaient pas la qualité ou les idées novatrices. Les auteurs devaient préparer entre un et huit épisodes d'une heure avant le début du *drama*, puis écrire la suite pendant que celui-ci était en train d'être tourné et diffusé. Soit huit autres heures (au minimum) d'écran en à peine deux mois. « Le pire, c'est le placement de produit », ajoute Park Jin-woo. « Le but est d'arriver à faire du produit une part intégrante de l'histoire. Ce système a été une telle source de conflit qu'une partie des profits du contrat revient désormais aux écrivains, pour les motiver à les insérer dans leur script. Je comprends le principe économique de la pratique, mais ça n'en reste pas moins complexe à gérer. Si le scénariste est connu, en général, les compagnies de publicités n'ont pas trop leur mot à dire sur ce que l'on fait de leur produit. Mais si l'auteur est nouveau, il doit parfois réécrire la scène. Imaginez le stress ! »

Un autre élément qui peut tout bouleverser, c'est l'opinion du public. Si les gens adorent un des personnages secondaires, la production peut demander au scénariste de changer l'histoire pour qu'il ait un plus grand rôle. « J'ai aussi travaillé sur un *drama* où un acteur était trop stressé et il a fallu réduire son intrigue. C'était l'enfer, l'histoire n'était pas du tout prévue pour cela. Il arrive aussi que des acteurs se blessent, même si cela arrive de moins en moins. La solution miracle dans ce cas-là : dire que le personnage est parti en voyage ! Après il y a eu des catastrophes, comme des actrices qui ont quitté le *drama* en plein milieu du tournage et qu'il a fallu remplacer. Soudainement, le personnage principal était joué par quelqu'un d'autre... »

Pour Park Jin-woo, seuls quelques élus pouvaient prospérer dans ce système. Plutôt que jaloux, il m'a paru résigné. Lui, qui avait besoin de temps pour créer, ne pouvait que se faire dévorer...

CHO YONG-JIN
octobre 2019

Le festival du film de Busan a lieu tous les ans en octobre. Pendant presque deux semaines, le monde du cinéma se rassemble dans le sud de la Corée, dans la seconde plus grande ville du pays. La journée, les salles de cinéma de la ville sont pleines à craquer. Le soir, des groupes éméchés vont de soirée en soirée dans les grands hôtels installés le long de la belle plage de Haeundae.

Cette année-là, je connaissais déjà le quartier comme ma poche. Des artistes de rues sont toujours en représentation sur le sable fin. Des Coréens et des touristes allument des feux d'artifices interdits sous quelques étoiles. Le vent vous ébouriffe les cheveux, surtout à l'automne.

J'avais déjà passé cinq jours au festival deux ans plus tôt et plusieurs week-ends sur place. On a vite fait le tour de Haeundae, entre le marché aux poissons et aux fruits de mer coincé dans une petite rue à deux minutes du bord de mer, et la grande allée bordée de barbecues et de bars qui mène jusqu'à la station de métro.

J'ai rencontré Jin à une soirée en plein air. Attablés un samedi soir avec l'une de nos connaissances, nous avons tout de suite accroché malgré la différence d'âge. Durant toute la semaine où je suis restée, il est devenu mon guide. Il me présentait à tout le monde - et Jin connaissait *tout* le monde. Premier assistant réalisateur pour Bong Joon-ho et d'autres célèbres réalisateurs coréens, il avait vraiment une filmographie impressionnante à son actif. Pourtant, à aucun moment cela ne m'a intimidée. Jin n'est pas quelqu'un que je qualifierai d'humble, mais il était tellement avenant et accessible qu'il était impossible de se sentir autrement qu'à l'aise en sa présence.

Le festival du film de Busan est un moment étrange. Sous les flots d'alcool, les langues se délient, des amitiés improbables se créent. La hiérarchie disparaît et les célébrités inaccessibles en temps normal se mêlent à la foule. On se congratule sur les scènes et on critique près du buffet. Pour moi qui ne suis pas une habituée de ces rassemblements mondains, il y avait quelque chose de fascinant dans l'air. On avait beau se balader en tongs et en baskets entre les coupes de champagne et les shots de soju, il se dégageait malgré tout un parfum de glamour.

Je devais rentrer en France deux semaines plus tard, faute de visa, et rien ne m'a rendue si triste de partir que ces quelques jours près de la mer. Tout ce que j'aime de la Corée s'était concentré dans cette ambiance de fête. Les rencontres spontanées, la satiété d'un bon repas, la convivialité autour d'un verre (ou dix), l'impression que le pays tout entier est un minuscule village. J'avais beau être une étrangère, je n'avais jamais mieux compris les codes sociaux, la culture (les films, les *drama*, les rouages de l'industrie…). Pour une fois, j'ai senti que je faisais partie de la famille. Que je m'étais intégrée. Cela ne m'était jamais arrivé auparavant.

J'ai toujours eu la forte sensation qu'en débarquant à Séoul, je rentrais à la maison. Lorsque mon avion atterrit à Incheon, je suis systématiquement envahie d'une vague de bien-être. Je suis à ma place. Cela ne veut pas dire pour autant que je fais partie de la culture ou de la société coréenne. La familiarité que je ressens est dérangeante, finalement, et je suis encore incapable de l'expliquer après toutes ces années. Je me demande si c'est parce qu'avant même d'aller en Corée pour la première fois, j'ai appris des milliers de choses sur le pays via les *drama*. Pendant six ans, ils ont été ma porte d'entrée dans cette vie à l'autre bout du monde et m'ont préparée à ce que j'allais y trouver. À moins qu'il ne s'agisse de mon premier séjour ? À l'été 2015, j'ai passé deux semaines incroyables à voyager à travers la Corée. Je suis notamment restée dans une auberge de jeunesse inoubliable qui m'a fait me sentir chez moi en l'espace de quelques heures…

Mais jamais cette épiphanie personnelle ne semblait partagée par les gens qui m'entouraient : mes amis coréens ont toujours été surpris que je reste en Corée si longtemps, mes amis expatriés discutaient toujours d'à quel point il leur était impossible de s'intégrer à la culture coréenne (alors qu'ils vivaient là, pour certains, depuis plus de dix ans), et les caissiers dans les supérettes me demandaient immanquablement si je venais d'Amérique au premier coup d'œil.

Les journées passées avec Jin durant cette semaine au Festival de Busan n'en étaient que plus précieuses. Il a été mon guide. Grâce à lui, je me fondais dans le décor. La Corée avait enfin accepté que j'étais ici chez moi.

Le temps d'une parenthèse – comme au cinéma.

Chapitre 8

Filmer

Steve M. Choe
Coréano-américain, 49 ans

La classe de Steve M. Choe était plongée dans la pénombre lors de notre premier cours. Un projecteur éclairait un volet blanc derrière lui. Sous les épaisses branches de ses lunettes noires et son teint basané, il nous attendait avec le sourire. « Le cinéma est là pour raconter des histoires », nous a-t-il dit en anglais. « Pas la vraie vie. C'est un moyen de s'échapper du quotidien et de se divertir. » Dès ce premier cours de montage cinéma du semestre, j'ai tout de suite senti que j'allais attendre les prochains avec impatience et que j'allais adorer nos travaux pratiques. C'était incroyablement important pour moi : je compte les professeurs qui m'ont marquée sur les doigts de la main et Steve Choe fait partie de ma très, très courte liste.

À chaque fois que je retourne en Corée, je lui rends visite à son studio de post-production, C-47, près de Seoul Station. Lors de nos derniers cafés et discussions, il s'est prêté au jeu et m'a raconté l'histoire de sa vocation.

Coulisses et confidences

rencontre avec Steve M. Choe

« Mes parents ont déménagé aux États-Unis lorsque j'avais neuf ans », me raconte-t-il en attrapant son café fumant au comptoir. « J'étais tellement jeune que je n'ai pas vraiment compris ce que cela signifiait, que nous quittions la Corée. Pour moi, nous partions juste très loin en voyage vers une contrée étrange où toutes les maisons avaient des piscines et où les gens discutaient dans un dialecte inconnu. »

Il me désigne l'une des trois tables dans un coin du tout petit café où il est descendu me rejoindre. Le plateau claque sur la table lorsque nous nous installons. « J'ai grandi du côté banlieue de Los Angeles, entre ma maison, l'école et l'église du quartier », continue-t-il en touillant son café. « Dans les années 1980 et 1990, la société coréano-américaine était très conservatrice et pieuse. Ma famille allait à la messe tous les dimanches matin. Avec mes deux grands frères, ma grande sœur, ma sœur jumelle et mon petit frère, nous traînions avec les autres enfants à la sortie de la cérémonie. Cette religion faisait tellement partie de notre quotidien que je me suis retrouvé pris en sandwich entre mon grand frère, qui a abandonné une carrière dans le tennis de table à 17 ans pour devenir pasteur, et mon petit frère, qui a suivi ses traces et officie à Los Angeles. Pourtant, je n'ai jamais été un enfant d'église. Ma passion, c'était les salles de cinéma. »

- Quel est le premier film qui vous a marqué en Amérique ?, je lui demande avant d'avaler un peu trop bruyamment une gorgée de mon thé sucré au pamplemousse.
On était tous fans d'*E.T.*, le chef d'œuvre de Spielberg, quand il est sorti, répond-il sans hésitation. Le héros avait le même âge que nous et on se retrouvait dans les gangs de gamins qui parcouraient la ville à vélo.

- Vous ne regardiez pas de films coréens ?

- Des fois, avec mon frère aîné. Il adorait le cinéma, la littérature, la musique des années 1970. Mais c'est plus tard, en plein pendant mes études de montage à l'Institut du cinéma américain et mes premières expériences d'assistant de production, que j'ai eu un déclic avec *Sympathy for Mr Vengeance* de Park Chan-wook. Sorti en 2002, il raconte l'histoire d'un homme sourd-muet qui cherche à faire de l'argent pour payer la greffe de rein de sa sœur. Le film est sombre, violent, vraiment bizarre. Puis en 2003, *Save the Green Planet!* de Jang Joon-hwan a suivi. Cette fois-ci, le film était plutôt une comédie déjantée où le héros kidnappe un homme, convaincu qu'il s'agit d'un alien. C'était tellement avant-gardiste et audacieux… J'ai décidé que j'avais envie de participer au tournage de ce genre de film et en 2004, je me suis envolé pour la Corée.

Steve s'interrompt un instant et jette un œil à sa montre. « Ça t'ennuie si on remonte ? »

***

La rue qui mène au studio de Steve est étroite et, bien sûr - comme partout à Séoul -, vallonnée. Il a déménagé les bureaux principaux de C-47 lors de leur dernière extension. Les anciens locaux de Gangnam sont désormais dédiés au son et au mixage, tandis que les nouveaux sont réservés au montage des images et à l'étalonnage des couleurs. Situés à Yongsan, en plein centre de la ville, juste à côté de la gare des trains KTX (les trains grande vitesse de Corée), l'ambiance y est moins snob qu'au sud du fleuve Han. Steve préfère ce quartier, déjà parce qu'il habite juste à côté, mais aussi parce qu'il est plus vivant. Bureaux, écoles et résidences se côtoient, si bien que l'animation est constante, jour et nuit.

À l'entrée, le gardien nous salue d'un signe de tête en reconnaissant Steve et nous montons au deuxième étage. Le professeur soulève le pad électronique pour taper le code d'entrée et m'indique le canapé installé dans l'angle du vestibule. « Un thé ? »

Je hoche la tête sans réfléchir. Il ne faut jamais refuser ce genre de proposition en Corée, sous peine de se retrouver avec n'importe quoi entre les mains.

Steve pose ses affaires sur le canapé et revient deux minutes plus tard avec un petit verre en carton et un sachet de thé au maïs. « On en était où ? », me demande-t-il en se laissant tomber dans le confortable canapé.

– Vous étiez parti en Corée sur un coup de tête, je lui rappelle en pointant mes notes. En 2004.

Steve étouffe un rire.

– Je suppose que vu la manière dont je l'ai raconté, on dirait que je suis parti en Corée sur un coup de tête. J'étais en fait parti pour un projet... qui n'a jamais eu lieu, explique-t-il en haussant les épaules. C'est comme cela que je me suis retrouvé dans mon pays d'origine, frustré et désœuvré. Je voulais *vraiment* travailler sur un film coréen mais je ne connaissais personne. J'ai donc dû opter pour une approche agressive et aller frapper aux portes. Littéralement. C'est-à-dire que j'allais dans les studios, et je toquais à l'entrée des bureaux. Les chefs monteurs me regardaient avec les yeux ronds. « Qui c'est ce mec-là ? » Personne ne voulait de moi et je me suis résigné.

J'allais devoir rentrer à L.A. et tant pis, je ferais des films américains.

- Qu'est-ce qu'il s'est passé, finalement ?, je lui demande en sachant bien que l'histoire ne s'arrête pas là.

- J'étais prêt à partir lorsque, dans un retournement de situation arrivé à point nommé, mes contacts avec des amis de l'école ont fini par payer. J'ai intégré quelques mois plus tard l'équipe de *Three, Monsters* (쓰리, 몬스터), un projet omnibus de Park Chan-wook, le célèbre réalisateur d'*Old Boy*... et de *Sympathy for Mr Vengeance* ! J'étais monteur *on site*, « sur place », un poste qui consistait à vérifier qu'il y avait bien le son sur les images de tournage. On assemblait bout à bout les différentes prises pour s'assurer que tout allait bien. C'était un métier qui commençait à apparaître en Corée, mais qui n'existait pas du tout aux États-Unis.

- Vous avez longtemps fait ces petits jobs ?

- Pas tellement. J'ai eu de la chance. Toujours en 2004, un jeune réalisateur, John H. Lee cherchait aussi un monteur pour l'un de ses premiers longs-métrages. J'ai obtenu le job. La boîte de production nous avait donné un délai d'un mois pour faire la post-production - donc tout le montage image et son -, ce qui est complètement dingue en y repensant. À une semaine de la deadline, l'un des cadres de la boîte a dû intervenir car nous n'avions que vingt minutes du film montées dans le détail avec le réalisateur. Je ne sais pas trop comment, mais nous avons finalement réussi à produire une version du film qui nous convenait à peu près.

Son récit me laisse bouche bée. À chaque fois que j'entends un témoignage de ce genre sur les conditions de travail en tournage, je ne peux m'empêcher de songer au *drama* : *The King of drama* (SBS, 2012). Il racontait l'histoire d'un producteur génial de séries télé et le premier épisode s'ouvrait sur une séquence folle dans les rues de Séoul. Un coursier attrapait une cassette sur un tournage à la campagne et se dépêchait de slalomer avec son scooter sur les voies rapides jusqu'à la station de télévision pour qu'ils puissent diffuser à temps l'épisode qui venait d'être enregistré. Pendant le visionnage, je levais parfois les yeux au ciel en pensant que c'était complètement exagéré. Et puis j'ai découvert que ce *drama* « parodique » était en fait bien trop réaliste…

– On faisait des journées de dix-huit heures, continue Steve. Sans interruption. Et la dernière semaine, on n'a pas dormi. Pour donner une idée de l'état dans lequel on était, le matin du rendu final, le cadre a pris un TGV pour Busan. Sur le chemin, il s'est évanoui et s'est cogné la tête contre le sol. Le personnel du KTX a dû arrêter le train et l'emmener aux urgences…

Que disais-je, un scénario de série !

– Le film en valait le coup j'espère !, je m'exclame horrifiée.

– C'était *A Moment to Remember*. Il a été l'un des succès les plus lucratifs de l'année et il m'a ouvert toutes les portes.

***

Je me souviens encore de ce film. J'étais tombée sur une liste de longs-métrages coréens emblématiques à voir au détour d'une recherche Internet et il en faisait partie. À l'époque, je n'aimais pas trop le cinéma coréen : soit les films étaient sombres et dérangeants (j'avais quatorze ans), soit ils me donnaient l'impression de regarder une série télévisée compressée en une heure et demie. Bien sûr, cette opinion était le résultat d'un échantillon très limité de contenus accessibles en ligne avec des sous-titres français. À la fin des années 2000, il y avait encore beaucoup de choses que l'on ne trouvait pas sur Internet.

J'ai oublié sur quel site de streaming j'avais fini par le dénicher, mais je me souviens que j'avais adoré l'ambiance mélancolique et la partie qui racontait la réponse du couple principal à la maladie d'Alzheimer. Ça n'a jamais été mon film préféré, mais il m'a suffisamment marquée pour que je n'oublie ni son scénario, ni son atmosphère.

Le film a eu un tel impact dans la carrière de Steve que quelques années plus tard, il a pu commencer à construire son studio de post-production avec d'autres élèves de son école de cinéma, l'Institut du film américain, venus chercher l'aventure à Séoul. « La Corée est un tout petit pays. Plus qu'ailleurs, il faut connaître du monde pour trouver des tournages », m'explique-t-il.

Par chance, les années 2004, 2005 et 2006 ont été d'excellentes années pour le cinéma coréen. L'industrie vibrait d'énergie. Il y avait plein de nouveaux projets et du budget pour les financer. En 2006, l'engouement était tel que Steve a enchaîné les longs-métrages et a terminé l'année au bord du burn-out. C'est avec l'argent accumulé qu'il parvient à diversifier les activités de C-47 et que le studio devient plus complet. Dix ans plus tard, lui et son équipe cumulent plus de cent longs-métrages et une quinzaine de séries.

« Travailler sur les *drama* n'est pas la partie du travail que je préfère », avoue Steve.

Une sirène retentit par la fenêtre ouverte en face de nous et il se rapproche du micro de mon téléphone qui enregistre sur la table.

- Les séries coréennes sont habituellement produites tellement dans l'urgence qu'on peut difficilement en attendre la perfection filmique. À l'époque, ça me rendait fou. Les conditions de travail sont déjantées. Plusieurs fois, il m'est arrivé qu'un épisode d'un *drama* sur lequel je travaillais commence à être diffusé à la télévision… alors qu'il nous restait 45 minutes à monter ! Dans ce cas, vous n'avez pas le choix. Le seul moyen de s'en sortir est d'aller au plus simple, pas le temps de fignoler le son ou d'ajuster les couleurs. J'ai dû tout faire moi-même. J'ai envoyé en catastrophe le fichier au studio. Et ils l'ont diffusé sans vérifier ce que j'avais rendu.

Pour rappel, cette anecdote reproduit exactement la scène d'ouverture de *The King of drama*.

– J'ai toujours préféré travailler sur des films indépendants, ou des premiers films où le réalisateur a peu d'expérience, tente des choses, invente de nouvelles histoires, ajoute-t-il en s'enfonçant à nouveau dans le canapé. Il y a un vrai challenge au montage pour raconter l'histoire. Ce qui n'empêche pas les blockbusters d'être des opportunités incroyables. Il est très important d'avoir des projets qui marchent : sans cela, vous pouvez dire adieu à votre carrière. Il faut aussi gagner de l'argent ! *Snowpiercer*, de Bong Joon-ho, est probablement le projet le plus médiatique sur lequel j'ai travaillé. C'était aussi l'un des plus faciles : tout était extrêmement bien filmé, les acteurs étaient talentueux et monter le tout ne posait aucun grand défi...

Mon projet favori est un film quasi-inconnu. Il s'appelait *Pour Horowitz* (*Horobicheureul wihayeo*). Il raconte la belle histoire d'un orphelin prodige du piano et de la professeure qui va le découvrir. C'était le premier long-métrage du réalisateur Kwon Hyung-jin. L'enfant qui jouait du piano était un vrai musicien, mais il n'était pas un acteur. C'était sa première expérience devant la caméra, et sa prestation n'était pas très bonne. À l'inverse, l'actrice principale était connue. Elle jouait très bien la comédie, mais ne savait pas jouer du piano. Ce mélange nous a donné du fil à retordre, d'autant plus que le réalisateur débutait et ne savait pas encore parfaitement comment s'y prendre.

Je suis fier de ce que nous avons réussi à faire avec ce film, mais je ne crois pas que beaucoup de gens le regardent et se disent « incroyable montage ! » Pourtant, on a fait fonctionner l'histoire, *justement* en trichant au montage. Il a fallu jouer avec les mains qui pianotaient sur le clavier, les expressions faciales… Certains plans de la version finale n'étaient même pas des prises volontaires. Par exemple, on a pioché dans des images filmées alors que tout le monde pensait la caméra éteinte sur le tournage. Lorsque l'actrice principale a vu le film, elle était étonnée : « je ne me souviens pas d'avoir fait ça ». C'est ce genre de tour de passe-passe qui rend le travail du monteur amusant.

- Vous avez toujours voulu devenir monteur ?, je lui demande tout en vérifiant distraitement que l'enregistreur tourne toujours sur mon téléphone.

- Les gens qui me connaissent bien s'étonnent toujours que j'aie choisi de faire ce métier. J'adore sortir, bouger. Ma mère n'arrivait pas à m'imaginer assis derrière un ordinateur, dans un bureau sans lumière. Lorsque j'étais plus jeune, je ne pouvais pas tenir en place, je m'agitais partout. Au départ, d'ailleurs, je voulais plutôt écrire. Mais c'est un processus tellement solitaire… Je ne crois pas être bon lorsqu'il faut travailler seul. Le montage me plait pour cette raison-là. C'est amusant, et au fond assez similaire à l'écriture, sauf qu'au lieu d'inventer des répliques, on compose à plusieurs avec le son et l'image.

Lorsque j'édite, j'essaye de ne pas montrer ma patte, ou celle du réalisateur. Je ne veux pas que le spectateur, dans la salle de cinéma, se dise « oh, c'est un film ». Je veux qu'il y croie. C'est la beauté du septième art : le spectateur va au cinéma en sachant que ce qu'il va voir est faux et, malgré tout, il rit, il pleure, il a peur pour de vrai, parce que même si c'est de la poudre aux yeux, c'est une poudre qui semble réelle.

Cet accès de passion soudain me rappelle les cours qu'il nous donnait à l'université Sungkyunkwan. Steve a toujours alterné les grands discours passionnels pour son travail avec un regard très terre à terre sur l'importance du cinéma dans le quotidien des gens. Je crois que c'est quelque chose qui me fascine chez lui : comment après tant d'années passées à travailler dans une industrie dont les conditions de travail peuvent vous assommer, il parvient à continuer d'aimer profondément tous les films qui sortent au cinéma. Pendant un cours, il nous avait montré *This is The End*, la comédie hollywoodienne potache de Seth Rogen – et j'avais été vraiment surprise qu'il puisse aimer ce genre de long-métrage. Il est capable de tracer une ligne claire entre sa position de professionnel dans le milieu et celle de simple spectateur.

Peut-être aussi que Steve parvient à garder cette candeur vis-à-vis du cinéma américain parce qu'il travaille du côté coréen. Plus les années passent, plus je sens que ce dernier le déçoit.

– Au début des années 2000, les réalisateurs avaient encore beaucoup de pouvoir, remarque Steve avec amertume. Chaque boîte de production avait sa propre voix. Ces jours-ci, le rapport de force s'est complètement inversé et ce sont les producteurs qui ont le dernier mot. Un gros budget signifie souvent que vous avez affaire à un distributeur qui a déjà connu des films à succès – et va donc reproduire ces succès plutôt que d'en chercher de nouveaux.

Il est de plus en plus rare de voir quelque chose d'original au cinéma ou à la télévision coréenne. L'industrie coréenne est en train de devenir comme Hollywood : on reproduit ce qui marche et on opte pour un film ou une série sans prise de risque. Il reste des réalisateurs emblématiques comme Park Chan-wook ou Bong Joon-ho. Mais c'est seulement parce qu'ils sont des gens puissants dans l'industrie qu'ils peuvent se permettre de faire des films ambitieux et originaux. Si un jeune réalisateur était venu avec le scénario du film *Parasite* (qui a entre autres remporté l'Oscar du meilleur film en 2019), personne ne l'aurait laissé faire et le film n'aurait jamais vu le jour.

Cette évolution de l'industrie cinématographique fait partie d'une mouvance mondiale qui est en train de complètement changer la manière dont nous consommons le divertissement et la manière dont celui-ci est produit. Cela dit, spécifiquement en Corée, elle est aussi due à une période de surveillance et de censure politique dont Steve parle très peu. Entre 2008 et 2017, les deux présidences successives de Lee Myung-bak et de Park Geun-hye ont progressivement dressé une longue *blacklist* d'artistes, de cinéastes, d'acteurs et de techniciens.

Être *blacklisté* ne voulait pas dire que l'on était banni de l'industrie ou interdit de travailler, mais dans les faits, la plupart des personnes consignées avaient des difficultés monstres à trouver des producteurs ou des distributeurs pour leurs œuvres. Steve a lui-même fait partie de cette liste, ce qui l'a poussé à travailler davantage avec la Chine pendant un temps. Il est difficile d'estimer l'impact réel que la *blacklist* a pu avoir sur l'industrie, entre la censure de projets politiques, les difficultés des nouveaux talents ou les coupes budgétaires massives destinées à la création locale.

- Vous savez pourquoi vous avez été inscrit sur cette liste ?, je demande à Steve.

- Pas vraiment, répond-il en haussant les épaules. Je ne me suis jamais engagé politiquement en Corée, ou en Amérique d'ailleurs, donc j'ai eu du mal à comprendre pourquoi je m'y suis retrouvé. C'était sûrement pour un film auquel j'ai participé. La moitié de l'industrie était sur cette liste...

- Vous envisagez de retourner vivre aux États-Unis et continuer votre carrière à Hollywood ? j'enchaîne pour changer de sujet.

- Des fois oui, reprend-il un peu plus à l'aise. Mais je ne saurais pas par où commencer pour trouver du travail. Tout mon réseau est ici. En plus, j'aime beaucoup enseigner et je pense que cela a plus de sens que je partage mon expérience avec des étudiants coréens. Cela me force à continuer d'apprendre, à me renseigner sur les dernières techniques de montage. Je reste sur le qui-vive, je ne m'empêtre pas dans de mauvaises habitudes. Mais c'est vrai que j'ai beau être arrivé il y a seize ans, je me sens toujours comme un *outsider*, un étranger à Séoul…

Chapitre 9

S'évader

Constanza Jorquera
Chilienne,
30 ans

J'ai rencontré Constanza à Séoul, en 2017. J'y étais de passage éclair pendant trois jours, pour assister à un événement autour de la Hallyu. *Écrasée par la fatigue du jet-lag, je réalisais une courte vidéo pour introduire la culture coréenne au public français pour le site du* Figaro. *Elle m'a parlé d'un « rêve coréen », semblable en tout point au « rêve américain » tout en lui étant diamétralement opposé. Celui-ci serait né de l'oppression, l'envie de faire ses preuves, et favorisé par une démocratie toute neuve. Elle m'a parlé de l'explosion de la* K-pop *au Chili, et des fans qui s'étaient approprié les rues d'un quartier de Santiago. Nous avons tout de suite senti des affinités – une même manière de comprendre et réfléchir à la* Hallyu *– et notre conversation a duré très longtemps sous le soleil éclatant. Quelques semaines plus tard, elle était la première que je contactais pour ce livre, et d'une certaine manière, celui-ci est né de son histoire.*

La ballade d'une *fangirl*

par

Constanza Jorquera

Partie 1 : Découvrir

Octobre 2014

- Clique, tu ne vas pas le regretter ! L'esthétique ressemble aux animes japonais et c'est trop mignon.

Deux liens YouTube. Un message WhatsApp. Il en faut peu pour changer une vie. On était fin 2014. Mon amie m'a convaincue que ces vidéos de *K-pop* n'avaient rien à voir avec *Gangnam Style*, et j'ai cliqué.

Je suis tombée sur le clip *Catallena*, d'Orange Caramel. Les membres du groupe, des filles magnifiques, sont enroulées dans du plastique comme des sushis japonais sur le son d'une musique pop. Dire que le clip était étrange serait réducteur. Même en Corée, il a fait beaucoup de bruit et a été censuré à la télévision parce que « trop provocant », mais j'ai toujours aimé l'art qui choque.

Puis j'ai regardé la deuxième vidéo, *Growl*, une chanson du groupe de *K-pop* masculin EXO. J'ai dû la voir vingt fois pour différencier les douze membres les uns des autres – ils se ressemblaient tellement. J'aimais les boys bands américains quand j'étais petite, mais là, c'était d'un autre niveau. Ils ressemblaient tous à des personnages d'anime qui dansaient de manière parfaitement synchronisée. L'un d'eux a attiré mon attention plus que les autres. Il avait les cheveux argentés comme Mamoru, l'un des personnages dont j'étais fan dans l'anime japonais *Sailor Moon*.

J'ai rouvert la conversation avec mon amie.

– Super, la vidéo d'Orange Caramel :) Et dans l'autre clip, qui est celui qui a les cheveux argentés ? Il ressemble à un personnage d'anime, je l'adore !

– Il s'appelle Sehun. C'est le *mangnae* du groupe.

– *Mang*-quoi ?

Et voilà. J'étais tombée dans le trou de lapin pour le pays des Merveilles. Les avertissements du type : « une fois que tu découvres la *K-pop*, pas de retour en arrière » semblent bien inoffensifs avant de les vivre soi-même depuis l'autre bout du monde au Chili… Encore aujourd'hui, je suis convaincue que Sehun m'a *choisie*. Je sais comment cela sonne : délirant. Obsessionnel. Un peu fou. Mais je ne vois pas comment décrire autrement ce qui s'est passé pour moi à ce moment-là.

La culture coréenne ne m'était alors pas complètement inconnue. J'utilisais des produits de beauté coréens depuis plusieurs années, et j'aimais les plats traditionnels : le barbecue, le *gimbap*, le *bibimbap* et la glace *bingsu*. Je me procurais ces produits dans le quartier de Barrio Patronato, près du centre-ville de Santiago, où se trouvaient quelques supermarchés asiatiques, un café et trois ou quatre restaurants coréens.

Quelques années plus tard, j'y ai d'ailleurs emmené des étudiantes coréennes en visite à Santiago. L'une des premières choses qu'elles m'ont demandée en arrivant a été de manger coréen. Je ne sais pas trop à quoi elles s'attendaient - sûrement à des rues vibrantes, colorées, immenses, comme dans les images de *K-town* (les quartiers coréens) à Los Angeles ou New York.

- C'est moche, a constaté, déçue, l'une d'entre elles. Et ça a l'air dangereux...

Elle n'avait pas tort. Nous sommes connus à Santiago pour aimer les couleurs fades et le gris du ciment. Le quartier coréen s'y est formé spontanément, sans vraiment d'ordre ou de cohérence. Il s'étire aujourd'hui entre la façade boisée de Chicken Story, un restaurant de poulet frit à la coréenne, et la station de métro de Patronato. L'atmosphère y est plutôt calme, entre les cafés de *bingsu*, les restaurants de street-food bondés le week-end, ou Hansoban, un barbecue coréen de luxe. Le quartier est tout petit à l'échelle de l'immense district de Patronato. Il faut passer des rues effectivement un peu moches et les marchés à la sauvette pour y parvenir. Et le soir ou la nuit, cela peut devenir dangereux...

Pourtant, j'adore cet endroit. Je l'ai vu s'aggrandir, comme le quartier de Lastarria à une quinzaine de minutes à pied au sud. Vous passez le fleuve de Mapocho, le musée des Beaux-Arts et vous y êtes. Dans les années 2008-2009, lorsque j'étais ado, c'était le quartier branché, réservé aux *hipsters* et aux galeries d'art. En 2014, il était également devenu le repère des fans de *K-pop* qui se rassemblaient devant le Centre culturel Gabriela Mistral (ou GAM) pour s'entraîner à danser les chorégraphies de leurs groupes préférés le week-end.

À cette époque, je ne connaissais personne qui aimait la *K-pop* autant que moi, alors je me rendais à Patronato lorsque je le pouvais, seule, et je passais mes nuits à regarder des vidéos, des émissions de variété ou à lire tout ce que je pouvais sur mes groupes préférés : Exo, Super Junior, Girl's Generation et BTS. Je restais scotchée des heures devant les vidéos de maquillage coréennes et j'essayais toujours d'acheter les derniers produits dans l'une des supérettes asiatiques de Patronato.

Au fur et à mesure que l'année avançait, j'ai commencé à développer un intérêt presque ethnographique pour la *K-pop* à Santiago. Je voulais comprendre qui étaient ces jeunes qui dansaient devant le GAM ou achetaient du maquillage. Comment une culture aussi éloignée géographiquement, socialement et historiquement de mon pays... pouvait-elle y être si populaire ?

***

Janvier 2015

J'ai eu envie de me pencher plus sérieusement sur la question. En 2015 (j'avais 26 ans), je faisais mon master en études internationales et plus précisément sur la politique étrangère chinoise et la sécurité en Asie du Sud-Est. J'ai commencé à apprendre le coréen, en plus du mandarin, à l'institut du Roi Sejong de Santiago. J'ai eu du mal à me lier à mes camarades de classe. J'apprenais la langue avec pour objectif d'étudier la culture, mais les filles autour de moi n'avaient pas de travail et passaient tout leur temps à consommer des contenus coréens sans trop réfléchir.

Lorsque la professeure mettait un extrait de série ou de clip pour nous expliquer une subtilité de la langue, certaines de mes camarades perdaient le contrôle et s'exclamaient « Oppa ! » ou commençaient à crier en pleine leçon. Elles me racontaient combien elles dépensaient en albums de *K-pop*, produits dérivés, vêtements et accessoires. Elles vivaient dans un rêve, et c'est quelque chose que je n'ai jamais complètement compris. A posteriori, j'essaye de moins juger leur comportement. Même s'il m'est toujours mystérieux, j'ai pu voir à quel point la *Hallyu* change complètement une vie : que ce soit au niveau des rencontres, ou des priorités que l'on peut avoir au quotidien (par exemple, passer la nuit éveillée pour regarder un évènement qui se produit la journée en Corée).

Étudier l'écosystème de la *K-pop* à Santiago m'a vite permis de plonger complètement dans le monde des fans. Comme dans une série américaine pour ados, il y avait des commérages, des cliques qui se formaient autour de *fandom*, un marché organisé de produits dérivés et des concours de danse. À mesure qu'ils s'intéressaient à la culture, les fans modifiaient leurs modes de consommation, leurs comportements et leurs relations sociales. La *Hallyu* changeait la façon dont ils se percevaient et leurs projets de vie, qui devenaient presque toujours liés à la Corée.

J'ai vu comment mes camarades de l'institut Sejong se sont battues pour obtenir le TOPIK (l'examen de langue coréenne), afin de postuler aux programmes d'échanges du gouvernement – la plupart du temps sans succès, car le nombre de bourses distribuées par an était limité. Au fur et à mesure des années, la classe s'est vidée. L'une après l'autre, mes camarades sont parties en Corée, notamment grâce au visa vacances-travail. Elles n'avaient rien à perdre au Chili, alors je suppose que c'était mieux qu'elles partent poursuivre leurs rêves à Busan ou à Séoul.

Mais je ne pouvais pas m'empêcher de penser que tant d'efforts et de fantasmes devaient tourner à la grande déception pour certaines d'entre elles. Est-ce qu'il existait un syndrome de Séoul, comme il existe un syndrome de Paris ? Celui-ci touche des touristes et des étudiants, notamment japonais qui ont grandi avec une éducation et une médiatisation idéalisée de Paris. Leurs attentes sont tellement loin de la réalité que le choc culturel provoque des symptômes tels que des hallucinations, un sentiment de persécution ou d'anxiété, de la tachycardie, une impression de dépersonnalisation, des cas de dépressions et même des suicides. N'y a-t-il pas un danger similaire pour certains Chiliens qui volent à l'autre bout du monde ? Surtout quand 18 252 kilomètres séparent la Corée du Chili.

Partie 2 : Rêver

Avril 2017

J'ai continué à étudier le coréen, j'ai terminé mon master et je suis entrée en doctorat. Je me faisais un nom dans le milieu universitaire, ce qui n'était finalement pas difficile en l'absence de concurrence dans mon domaine de recherche.

L'année 2017 est arrivée et j'ai reçu une bourse pour effectuer un stage de deux semaines à l'université des Études étrangères de Busan en Corée, dans le cadre du programme du Centre d'études coréano-chilien de mon université. C'était mon opportunité. À mon tour de voyager et de réaliser mon rêve de visiter la Corée ! Lorsque l'avion a atterri à l'aéroport d'Incheon à Séoul, j'ai pleuré d'excitation.

Sur place, je partageais quotidiennement mon voyage dans mes stories Instagram. Curieusement, durant le séjour, puis après mon retour à Santiago, mes abonnés ont commencé à augmenter de façon exponentielle. Les gens me laissaient des commentaires et m'envoyaient des messages en me demandant toutes sortes de choses sur la Corée ou des recommandations pour leurs propres voyages. J'étais heureuse de recevoir autant d'attention. J'avais l'impression d'être enfin reconnue pour mon travail. Mes professeurs m'avaient toujours vue comme une excentrique, et se moquaient de mes choix de sujets d'étude. Mes cheveux roses et mes vêtements ne passaient pas. Des collègues ridiculisaient ma passion. « Tu vas encore parler de Coréens gays et te mettre à danser de la *K-pop* en conférence ? », m'a un jour lancé l'un d'eux à la pause.

Il n'y avait qu'au milieu des fans que je me sentais comprise. En mars 2017, j'ai réussi à obtenir des tickets pour un concert de BTS. Cela m'a bouleversée d'être au milieu de la foule, au milieu de filles qui agitaient des bâtons lumineux au-dessus de leur tête en criant. Le chaos ambiant était déstabilisant, mais l'amie avec qui j'assistais au concert m'a prise par la main et m'a tirée vers la scène centrale, où BTS entamait le premier refrain de *Not Today*. Me retrouver si près d'eux… C'était l'un des meilleurs concerts de ma vie. Tout l'argent que j'avais dépensé pour ces billets en valait la peine.

Mon préféré du groupe, Jungkook, était devant moi et je me suis mise à pleurer – comme je ne pleure que lorsque j'assiste à un concert de *K-pop*. Comme beaucoup de gens, cela m'arrive lorsque je suis triste ou stressée. Je suis de manière générale très émotionnelle, mais c'est quelque chose que je contrôle toujours du mieux que je peux. La culture au Chili est très machiste, alors en tant que femme jeune, je dois apparaître forte et solide, sinon je perds toute crédibilité. Je ne sais honnêtement pas pourquoi la *K-pop* me fait autant pleurer. La plupart du temps, cela ne me gêne pas, mais il y a bien une fois où cela m'a mise dans une situation dont j'aurais sûrement honte toute ma vie...

Lorsque SM Town, une grande tournée dans le monde entier avec de multiples groupes du label musical coréen SM Entertainement, a eu lieu en 2019 à Santiago, les idoles allaient se balader en ville. J'en étais folle de joie. J'avais convaincu Pamela, l'une de mes meilleures amies, d'aller se balader à Patronato, au cas où l'un des membres d'EXO se trouverait dans les rues. Je ne voulais pas les « suivre », j'espérais juste les croiser par chance. Nous sommes allées nous asseoir à Starbucks, parce qu'il faisait très chaud. J'attendais mon café, lorsque soudain j'ai vu - sur Instagram ou Twitter - que Yesung, l'un des Super Junior, avait posté une photo de la rue d'en face du Starbucks. Il était passé à quelques mètres de moi cinq minutes plus tôt et je l'avais manqué.

Je ne sais pas ce qui s'est passé, mais j'ai explosé en larmes. « Oh mon dieu, tu as craqué », s'est exclamée Pamela. Je ne sais pas si elle était embarrassée ou choquée - elle ne s'est jamais vraiment intéressée à la *K-pop*. Encore aujourd'hui, on plaisante souvent de ce moment : « Tu te souviens de cette fois où je t'ai vue en train de pleurer, avec ton frappuccino sur la table ? », aime-t-elle me rappeler en riant. « C'était tellement pathétique ! »

Lorsqu'il s'agit de *K-pop*, mes émotions font les montagnes russes. Aux concerts, je suis au seul endroit où je peux pleurer et crier sans que quiconque ne le remarque ou ne s'en préoccupe. C'est libérateur. Et je crois que dans ces moments-là, je pleure avec dignité.

Partie 3 : Obséder

Janvier 2018

Nous sommes samedi à la station Universidad Catolica. C'est la station principale du quartier de Lastarria où se trouve le Centre culturel GAM. Autour de nous, des adolescents de toute la ville viennent après l'école pour se rencontrer et se rassembler autour de leur passion pour la *K-pop*. Ils portent des t-shirts de leurs groupes préférés, des sac à dos couverts de badges, s'habillent comme les stars et dansent. Ils se retrouvent pour échanger des produits dérivés ou ils attendent des amis avant d'aller fêter l'anniversaire de leurs idoles dans le parc de

San Borja. J'ai du mal à en croire mes souvenirs d'adolescente : la station était complètement déserte à l'époque.

- Je n'en reviens toujours pas que tu aies réussi à avoir des billets, s'enthousiasme mon amie Kathy.

Nous avons toutes les deux acheté des billets en ligne pour le Music Bank et le Super Show 7, la tournée des Super Junior. Les deux événements ont généré un chaos virtuel : tous les billets ont été vendus en quelques minutes, un engouement plutôt attendu lors de concerts d'artistes établis comme Rihanna ou Beyoncé. Le succès des concerts leur a d'ailleurs valu des articles dans les journaux qui parlent de plus en plus d'un « phénomène *K-pop* ».

Kathy et moi nous frayons avec peine un chemin au milieu de la foule de jeunes excités vers la sortie.

- Toutes ces filles se prétendent expertes de BTS alors qu'elles les ont découverts il y a un an, s'agace Kathy.

Je la connais. Cette rancœur sent la dispute sur les réseaux.

- Encore un clash avec une fille sur Twitter ?

- Oui. La même chose est arrivée avec SHINEe. Après la mort de Jonghyun, elles sont toutes devenues *shawols* (Le nom des membres du fan club de SHINEe.)

Moi aussi, la folie des fans me fatigue parfois. Désormais, lorsque j'achète des places de concert, je paye pour le premier rang, où tout est plus calme.

***

Mars 2018

Je me réveille avec les messages de beaucoup d'amis. Tous me disent que les groupes VIXX, BAP, Wanna One et Twice, qui participeront au concert événement du Music Bank sont arrivés à Santiago et que les fans ont causé de gros problèmes à l'aéroport. La plupart d'entre eux ont terriblement honte de leur comportement.

- Que vont-ils penser des fans chiliens ? écrit l'une de mes camarades de l'institut du Roi Sejong sur la conversation WhatsApp.

- Ils savent que les fans latino-américains sont intenses, tempère une autre. Ils seront heureux de recevoir leur soutien.

Le lendemain, je me suis rendue à la Moviestar Arena, la plus importante salle de concert du pays. C'est là qu'ont eu lieu les autres concerts de *K-pop* majeur comme SHINEe, BTS, Monsta X et Seventeen. La salle affichait complet. La plupart des spectateurs étaient des adolescentes venues avec leurs parents - et les idoles semblaient surprises que les fans chantent toutes les chansons en coréen et pleurent.

- Prépare-toi à devenir sourde, a plaisanté Kathy.

- Et à perdre la voix !, ai-je ri.

Lorsque Taemin (l'un des membres de SHINEe) et Wanna One sont montés sur scène, j'avais du mal à croire à quel point les idoles étaient belles. Je me suis tournée vers Kathy. Elle pleurait. Pendant toutes ces années, je ne l'avais jamais vue pleurer avant cet instant. Aussitôt, j'ai commencé à pleurer aussi. J'ai tremblé, et j'ai crié pendant tout le concert.

- Heureusement que tu es médecin. Tu pourras me réanimer si je m'évanouis ! ai-je hurlé.

- Tu parles coréen, tu peux leur dire que je les aime à ma place ! a enchaîné Kathy.

Avant la performance de Taemin, un clip vidéo montrant les fans de *K-pop* au Chili a été diffusé sur un grand écran devant toute la salle. Au milieu de toutes les images, soudain, ont surgi des plans en mémoire de Jonghyun, lorsque des dizaines de fans se sont rendus à l'ambassade de Corée à Santiago pour présenter leurs hommages à la star avec des bougies et des fleurs.

Le suicide du célèbre membre de SHINEe avait provoqué une onde de choc chez les fans du monde entier trois mois plus tôt. Le chagrin m'a heurtée comme un coup de poing. Toute la douleur est revenue, et je me suis de nouveau mise à pleurer, de chagrin cette-fois. J'ai dû m'asseoir, inconsolable malgré le soutien de Kathy.

Le choc que j'ai ressenti à la mort de Jonghyun m'a vraiment prise par surprise. J'aime beaucoup SHINEe, mais cela n'a jamais été mon groupe préféré. Lorsque c'est arrivé, je n'ai pas pu pleurer tout de suite : je vis avec ma grand-mère, et elle sait que « j'aime ces mecs asiatiques bizarres », mais elle ne comprend pas et je ne voulais pas lui faire peur.

Les jours qui ont suivi, j'étais inquiète pour Taeyeon (des SNSD) et Yesung (des Super Junior) parce qu'ils étaient très amis avec lui et très déprimés par son décès. Je priais pour qu'ils ne fassent pas la même chose… Je crois que c'était la première fois que je réalisais que mes idoles pouvaient mourir. J'ai aussi commencé à me poser des questions sur mon rôle, en tant que fan. Je ne suis pas la seule. Je crois que beaucoup d'entre nous avons été forcés de remettre notre passion en question suite à cela... Lorsque l'on me demande pourquoi je soutiens cette industrie qui exploite ses stars, dès leur jeune âge, je ne sais pas quoi répondre.

Lorsque Sulli (f(X)) et Goo Hara (Kara) se sont suicidées en 2019 à cause de harcèlement en ligne, ça a été horrible, mais le choc n'a pas été aussi fort. L'idée est morbide, mais je me suis demandé si je ne commençais pas à m'habituer à la mort de mes idoles…

Avril 2018

Le mois qui a suivi a été très intense. J'étais obsédée par la *K-pop*. Je téléchargeais des vidéos, passais mon temps à scroller sur Twitter, à lire des articles. Il faut dire que le Music Bank était à peine terminé que j'enchaînais avec le concert d'un de mes groupes préférés, les Super Junior. J'ai sorti le grand jeu : j'ai fait la queue pendant des heures pour acheter le bâton lumineux à agiter pendant le concert. J'avais du mal à croire que j'en étais arrivée là. C'était humiliant d'être au milieu de toutes ces ados qui n'étaient probablement même pas nées en 2005, lorsque le groupe faisait ses débuts. Mais c'était plus fort que moi. Je suis accro aux produits dérivés - pas forcément de *K-pop* d'ailleurs. J'ai plein de produits *Sailor Moon*, par exemple, et j'adore l'esthétique de la *K-pop* en général. Bref, il me fallait absolument ce bâton lumineux (*lightstick*)... à 50 dollars.

Je suis allée au concert seule, avec mon *lightstick*, ma bannière Yesung, et mon embarras. La salle était pleine à craquer, car au Chili, tout avait commencé avec les Super Junior, les rois de la vague coréenne dans les années 2007-2008. J'ai allumé mon *lightstick*, et j'ai eu l'impression que mon cœur allait exploser. J'ai pleuré avec les autres fans - beaucoup avaient mon âge et plus, finalement - et mon trouble s'est envolé. À chaque fois que je secouais le *lightstick*, je relâchais mon énergie - c'était cathartique. Toutes ces années passées à regarder des vidéos sur YouTube, à apprendre le coréen, à faire mes études et mes recherches sur la *Hallyu* ont pris sens. Et j'ai compris qu'il était ridicule de me cacher et d'être gênée de cela.

Mai 2018

C'est cette année-là que j'ai découvert le monde merveilleux, addictif et sinistre de la vente de produits fabriqués par des fans de *K-pop* sur Facebook et Twitter. Le sentiment d'isolement et d'éloignement, je suppose, fait partie de notre personnalité : le Chili est un pays au bout du monde. Nous sommes si loin de tout que l'expédition de n'importe quel produit est coûteuse. Un excellent moyen d'acheter des produits de *K-pop* consiste donc à passer des commandes groupées : une personne ayant un intermédiaire en Corée est chargée de recueillir l'argent des personnes qui veulent se procurer un produit, puis de les distribuer des mois plus tard, lorsqu'ils ont été fabriqués et expédiés.

J'ai acheté des épingles, des sacs fourre-tout, des albums et des poupées. Ces dernières sont devenues mon péché mignon. J'ai commencé à les collectionner tôt. Ma première poupée Sehun, d'EXO, est arrivée, puis doucement, j'ai commencé à en acheter d'autres,à l'effigie des membres d'EXO, de BTS et de Wanna One - au départ, les poupées pour les groupes féminins n'étaient pas disponibles.

Cela me rendait heureuse de changer leurs vêtements, de les prendre en photos et cela m'a même aidée à surmonter mon anxiété. Je crois qu'il y a à la fois la nostalgie de jouer à la poupée quand j'étais gamine, et l'impression d'avoir un ami réconfortant qui m'accompagnait partout. Je me suis retrouvée avec dix-sept poupées dont Yesung des Super Junior, Jungkook et V de BTS et Taeyeon des SNSD.

Pourquoi ai-je acheté autant de choses ? Aujourd'hui, je ne comprends pas très bien. Je suppose que l'esthétique extrêmement mignonne me faisait me sentir calme et en sécurité. Je me sentais privilégiée, aussi, car je faisais partie d'une communauté de collectionneurs. Nous partagions le même vice : ce n'était jamais assez, il fallait tout posséder. Le dernier produit, le produit le plus cher, le produit le plus beau. Chaque fois que je voyais des filles avec des poupées, des sacs, des porte-clés ou des accessoires de *K-pop*, j'avais l'impression que nous faisions toutes partie d'une tribu urbaine secrète.

À cette époque, j'ai aussi commencé à suivre les comptes de fans sur Twitter pour lire les mises à jour de mes groupes préférés. Cela m'a fait découvrir tout un pan d'une communauté dont j'ignorais l'existence. Je commençais à lire un post et je me retrouvais à scroller pendant une heure sur Twitter - puis à rafraîchir mon fil d'actualité toutes les trois minutes. J'ai commencé à réaliser qu'il y avait de grosses disputes entre fans au Chili aussi, pas seulement en Corée. Il y avait ces averses de vidéos prises par des fans (*fancam*), ces batailles pour rendre populaires des hashtags autour d'un groupe. Je ne m'impliquais jamais dans ces combats, mais je ressentais un plaisir coupable et voyeuriste à lire ces rengaines pendant des heures sans m'arrêter.

J'ai rencontré en vrai des gens qui faisaient partie de cette communauté. Je me sentais bien avec eux : je pouvais discuter idoles, *K-fashion* et *drama* (réels ou fictifs) toute la journée. Aucun de mes amis n'aimait la *K-pop* à part Kathy, et elle était partie faire son internat de médecine à l'autre bout du pays.

Juin 2018

J'ai aussi commencé à acheter beaucoup de vêtements. L'objectif n'était pas de ressembler à mes idoles. La mode me permettait de m'échapper dans une bulle aux couleurs pastel lorsque ma vie universitaire devenait trop difficile ou déprimante. L'environnement de mon doctorat notamment, était très sexiste, hostile et compétitif.

J'ai découvert qu'il existait des influenceuses chiliennes de *K-pop* sur Instagram. Elles assistaient à des évènements, recevaient des cadeaux de marques et ressemblaient à des idoles. Leurs fans leur demandaient des autographes ou des photos dans la rue, comme si elles étaient des célébrités.

Et puis je suis tombée sur un nouveau pan du *fandom* : les LGBTQ+. La *Hallyu* et ses objets culturels n'étaient plus seulement réservés aux adolescents des couches socio-économiques urbaines pauvres ou moyennes. Elle était devenue une référence pour tous les groupes marginalisés par la société patriarcale chilienne. Notre société est très religieuse et traditionnelle. Nous sommes l'un des rares pays à ne pas avoir le droit d'avorter et le nombre de féminicides est très élevé. Lorsque j'étais jeune, on normalisait ces crimes. J'ai commencé à questionner tout cela pendant mon doctorat. Les hommes agissaient comme des porcs autour de moi et c'était la première fois que je me sentais discriminée.

Sur ma timeline Twitter, au milieu des « stan BTS » (« stan » est un verbe pour désigner le fait d'être activement fan d'une star), « stan LOONA », « stan Human Rights », des mèmes « stan Gay Rights » ont commencé à apparaître. D'autres applaudissaient RM, le leader de BTS, pour ses prises de paroles sur les droits des femmes durant des interviews. Je me suis rendu compte que beaucoup de paroles de chansons permettaient à des jeunes de mieux s'accepter *et* de se sentir plus acceptés. Suite à cette découverte, je suis rentrée en contact avec beaucoup de groupes féministes. À chaque fois que je rencontrais des fans de ce cercle, j'étais très surprise de voir combien l'ambiance était différente de celle à laquelle j'avais été habituée. Ils ne venaient pas du groupe stéréotypé qui passait son temps à pleurer. Ils s'identifiaient à la *K-pop* parce qu'elle leur parlait de liberté, de libération et d'expression (un peu comme chez les fans de Madonna ou de Lady Gaga par exemple).

C'est un peu ironique que la Corée, un pays sexiste connu pour exploiter les femmes dans cette industrie, soit devenue la référence de l'émancipation de toute une génération – mais je suppose que les symboles ont une importance par ce que l'on fait d'eux. Et pour de nombreuses femmes, la *K-pop* est devenue l'outil d'un combat.

Partie 4 : Trébucher

Janvier 2019

L'annonce d'un SM Town à Santiago nous a tous pris par surprise. Une édition spéciale allait avoir lieu au Chili. C'était un rêve que nous n'avions jamais osé imaginer. C'était en décembre et nous avions à peine plus d'un mois pour réunir l'argent qui allait nous permettre de payer les billets coûteux. Pas que cela ait une quelconque importance... J'allais enfin voir EXO pour la première fois !

J'ai acheté des tickets VIP pour les deux jours et j'ai réservé une chambre à l'hôtel où les artistes allaient séjourner. Cela m'a coûté l'équivalent de 1600 euros en pesos chiliens. C'était complètement dingue, mais je voyais cela comme un cadeau, à moi-même, pour tout le travail acharné que j'avais consacré à ma thèse et à mon rôle de professeur. D'autant plus que j'avais vécu une année stressante : j'étais déprimée à cause de mon doctorat et le cancer en phase terminale de ma cousine – qui est malheureusement décédée trois semaines après le concert.

SM Town a reçu l'attention médiatique de tout le Chili. Même la chaîne CNN m'a invitée en tant que chercheuse sur son plateau pour analyser l'événement, surnommé « le sommet mondial de la *K-pop* », ainsi que la Corée dans son ensemble.

Cette période a été bizarre pour moi. Bien sûr, j'ai adoré séjourner dans un hôtel 5 étoiles pour mes vacances et je n'oublierai jamais le bonheur incroyable que j'ai ressenti à voir mes groupes préférés en concert. Mais certaines choses me dérangeaient. Le public était très violent, surtout les fans coréens qui venaient se battre avec les fans locaux. Les conditions de sécurité n'étaient pas adéquates. La scène et l'infrastructure ne ressemblaient pas du tout aux images que j'avais en tête des précédents SM Town. Les concerts avaient lieu en plein air et nous n'avons pas été autorisés à entrer avec des ombrelles - alors que janvier était le mois le plus chaud de l'année. Il a fallu payer 70 dollars pour une carte de membre qui… n'existait pas. Et sur les réseaux sociaux, en particulier Twitter, toutes sortes de rumeurs circulaient sur des influenceurs ou des *sasaeng* (des fans connues pour traquer leurs idoles) qui auraient obtenu leurs billets VIP par des moyens « douteux ».

J'ai été inclue dans ce dernier groupe, juste parce que je restais dans le même hôtel que les stars. J'ai découvert la douleur que peut engendrer de voir des photos de soi prises par des inconnus sur les réseaux, ou de recevoir des insultes de personnes qui ne vous connaissent pas et que vous ne connaissez ni en public ni en privé. Pendant des nuits, j'ai pleuré de frustration et d'impuissance face à cette chasse aux sorcières, et encore aujourd'hui je ne comprends pas la violence dont j'ai été victime.

À cela s'est ajouté que tous les engagements que la société de production avait promis aux fans n'ont pas été tenus et des problèmes juridiques ont été découverts.

L'idée de voir le Chili devenir la « capitale latino-américaine de la *K-pop* » est morte ces 18 et 19 janvier 2019. Nous étions heureux de voir les artistes, nous avions accompli notre plus grand rêve, mais on nous avait arnaqués avec la pire tournée SM Town de l'histoire.

Ma relation avec la communauté *K-pop* s'est effondrée dans les semaines qui ont suivi. Soudainement, voir l'opinion d'inconnus sur les réseaux sociaux m'est devenu insupportable. Je me rendais compte que j'avais eu des relations très toxiques avec beaucoup de fans et que je dépensais beaucoup trop d'argent pour ce qui n'était qu'une farce créée par des sociétés de production. On s'était servi de mon amour pour la *K-pop*, pavé d'amitié, de loyauté et de bonnes intentions. C'était douloureux de réaliser qu'il n'était pas normal que quelque chose que j'aimais tant puisse me blesser de cette façon.

Il n'y a plus eu de grands concerts après ce fiasco. La boîte de production NoiX était derrière tous les gros événements depuis des années, mais le directeur général était un escroc. Après le concert SM Town, il s'est évaporé avec tout l'argent des fans. J'ai arrêté de suivre tous les comptes de fans sur les réseaux sociaux, j'ai arrêté d'acheter des produits liés à la *K-pop* (en dehors de certains albums). Je continue à écouter et suivre la *K-pop*, mais avec d'autres habitudes. J'en discute avec Kathy, à l'autre bout du Chili, et mes étudiants. Je continue d'intervenir dans les journaux, les émissions de télé et de radio. Je mange coréen du côté de Patronato. Je me sens plus légère.

Octobre 2019

La fragilité de certains aspects du *fandom* est devenue encore plus claire le 18 octobre 2019. Des manifestations ont explosé dans tout le pays pour réclamer de meilleures conditions de vie face aux inégalités sociales et économiques qui subsistent dans le pays depuis les années 1990.

La vie de tous les Chiliens a changé après ce jour-là. Jusqu'alors, les récits de nos grands-parents et les livres sur la dictature sanglante des années 1973 à 1989 n'étaient que des histoires. Mais ces manifestations ont été réprimées par des soldats dans la rue, des couvre-feux ont été instaurés, des centaines de personnes ont été détenues, ont eu leurs yeux mutilés et des dizaines sont mortes. Je n'aurais jamais pensé vivre dans un pays démocratique où les droits de l'homme seraient violés chaque jour en toute impunité.

Tous ces affrontements ont pris place près de Lastarria. À quelques rues de l'écosystème bourgeonnant de la *K-pop* se trouvait le « square de la dignité », où ont lieu tous les grands rassemblements (des parades pour célébrer une victoire au foot aux manifestations récentes).

Au moment où j'écris ce texte - mai 2020 -, tout y est détruit, et je ne sais pas où les fans de *K-pop* se retrouvent, ou même s'ils se retrouvent encore (la crise sanitaire du Covid-19 ayant forcé le pays au confinement).

Partie 5 : Révolutionner

Décembre 2019

Un jour avant Noël, je me suis réveillée et j'ai pris mon téléphone pour lire les nouvelles, comme tous les jours sur Twitter. Tout semblait à feu et à flammes : des milliers de mèmes et de commentaires disputaient les chiffres d'une étude louche, réalisée par une société privée dépêchée par le gouvernement. Leur rapport aurait été réalisé pour « identifier » - comprendre, « cibler » - des groupes « potentiellement dangereux qui inciteraient à la violence dans les manifestations ».

Le livre va vous tomber des mains car le troisième groupe identifié était... celui des jeunes fans de *K-pop* ! Ces résultats sont devenus l'objet de la risée du pays - il était absurde d'imaginer que des jeunes qui partagent des mèmes en ligne portent atteinte à la sécurité du pays. L'une de mes élèves a photoshoppé la tête de RM (le leader des BTS) sur une photo du président chilien et a utilisé ce poster pour manifester tous les vendredis pendant des semaines... Étions-nous un danger public parce qu'il s'agissait de *K-pop* et non pas de Beyoncé ?

Le gouvernement a imaginé que la *K-pop* pouvait être subversive et révolutionnaire, mais c'est comprendre l'influence de la culture populaire complètement de travers. Les gens utilisent les références qu'ils ont, y compris lorsqu'ils manifestent. Les jeunes ne sont pas stupides : ils savent lorsque quelque chose ne va pas dans leur pays et ils utilisent leur langage pour le faire comprendre. La plupart reprenaient des chansons comme *Bang Bang Bang* de Big Bang, *Not Today* de BTS ou *Into the New World* de Girl's Generation (d'ailleurs déjà utilisée en Corée du Sud comme hymne pendant les manifestations féministes). Toute chanson ou clip qui faisait référence à l'armée ou à la révolution a été cité ou détourné. La culture populaire, par définition, est après tout la culture choisie par le peuple – non par les élites.

Je ne m'étais jamais posé la question avant qu'elle n'apparaisse dans les titres de presse : la *K-pop* pouvait-elle être subversive et révolutionnaire ?

Elle a certainement révolutionné ma vie. Grâce à elle, j'ai rencontré des amis, j'ai aimé, j'ai adoré, j'ai crié, j'ai pleuré, j'ai appris à avoir moins peur du monde et j'ai traversé le Pacifique jusqu'à l'autre bout de la planète. Je suis reconnaissante de tout ce que la *K-pop* a pu m'apprendre et m'apporter dans mon quotidien.

Maintenant, c'est à votre tour de vivre une révolution. Je vous laisse ouvrir YouTube. Tapez : *I am the Best* par 2NE1, *Fantastic Baby* par Big Bang, *Fire* par BTS, *BOOMBAYAH* de Blackpink… Et puis, cliquez ! Je vous garantis que vous n'allez pas le regretter.

Chapitre 10

Grandir

Lucie
Française,
35 ans

Lucie - de son pseudo « Nunaya » - est partie en Corée du Sud avec le cœur naïf et le rêve de changer de vie. Trois ans plus tard, elle en est revenue changée, profondément marquée et avec un sacré nombre d'histoires à raconter.

Sur sa chaîne YouTube « Nunaya World », elle se confie à la caméra avec candeur sur ses expériences et ses désillusions. Depuis 2014, elle y raconte les bizarreries coréennes et y partage des infos culturelles insolites. Elle y aborde aussi des sujets plus engagés, comme la vision qu'ont les Coréens des personnes noires, la culture du viol, ou encore pourquoi elle a décidé de quitter le pays alors que son corps et son mental étaient au plus bas.

Je n'ai jamais rencontré Lucie en personne, mais comme beaucoup d'internautes, j'ai l'impression de la connaître malgré tout. À travers l'écran, elle séduit par sa franchise... tout en dégageant une vulnérabilité touchante. Elle a fait partie, avant l'heure, de cette vague de youtubeurs qui préfèrent assumer l'imperfection du quotidien plutôt que de le rendre glamour à tout prix.

Le portrait qu'elle dresse du pays est à la fois rempli d'amour et de ressentiment. Voici le récit de son aventure fantasmée et de la réalité qu'elle n'avait pas vu venir.

Amour et désamour

J'adore l'idée d'être catapultée dans un pays que je ne connais absolument pas. J'aime me faire ma propre idée en partant sans jugement, pour tout découvrir et expérimenter sur place.

Mon premier amour a toujours été le Japon. Comme beaucoup de Français nés dans les années 1980, j'ai découvert cette culture lorsque j'étais ado via le *Club Dorothée* et les mangas. Mon rêve était de m'expatrier là-bas et de m'y installer définitivement. Pour commencer, je suis donc partie avec un permis vacances-travail (PVT) d'un an en 2010. Finalement, je n'y ai passé que six mois, car l'explosion de la centrale nucléaire de Fukushima m'a forcée à écourter mon voyage. Je voulais rester envers et contre tout, mais ma famille était morte d'inquiétude. Dévastée de voir mon rêve s'envoler, de nouveau coincée chez mes grands-parents à Lille, j'ai fomenté un nouveau départ : cette fois-ci, en Corée du Sud.

J'avais commencé à m'intéresser à ce pays lorsque je vivais encore à Tokyo. Je me souviens avoir vu une immense affiche publicitaire accrochée à l'un des buildings du carrefour de Shibuya pour un groupe de musique et d'avoir pensé : « Ces mecs-là ne sont pas japonais. Quel style et quelle plastique ! » Je crois qu'il s'agissait du groupe de *K-pop* TVXQ! ou Super Junior, les deux boys bands coréens les plus populaires de l'époque en Asie. Je n'en revenais pas de la qualité de leurs clips et du physique parfait des différents artistes. J'étais subjuguée par cette nouvelle découverte, il me fallait en apprendre plus sur ce pays ultra-moderne et sur sa culture. Comment avais-je pu passer à côté de ça ?

Il faut savoir que je connaissais déjà indirectement la Corée via son excellent cinéma. Étant une grande fan de thrillers et de films d'horreur, j'étais forcément tombée sur quelques références du genre comme *Old Boy* (2003), de Park Chan-wook, ou encore *Deux Sœurs* (2004), de Kim Jee-woon, que j'avais adorés.

Assez rapidement, j'en ai fait une obsession. Je n'ai pas cherché à en apprendre beaucoup plus sur la culture au-delà de quelques lectures. J'écoutais de la *K-pop* (j'avais d'ailleurs un crush sur deux idoles en particulier que j'ai eu la chance de rencontrer par la suite en chair et en os), je regardais des *K-drama*, je me suis mise à converser sur des sites d'échanges internationaux ; je fabriquais mon rêve. À cette époque, il y avait encore très peu d'informations sur Internet et encore moins de témoignages d'expatriés. J'avais bien trouvé la vidéo d'une fille sur YouTube qui disait « La Corée, ce n'est pas ce que vous pensez ». Elle racontait notamment ses échecs amoureux. Mais à l'époque, ce n'était pas cela qui allait m'arrêter !

En 2012, je me suis donc envolée pour Séoul, le cœur palpitant. En termes d'objectif, j'avais mis la barre particulièrement haut et j'y croyais à fond. Je sentais que la Corée m'appelait. J'avais prévu d'apprendre la langue, d'y trouver le grand amour et de faire carrière dans le domaine de la communication ou du divertissement – rien que ça !

Pour accomplir mon but, j'ai commencé par suivre des cours de coréen pendant un an à l'université pour femmes d'Ehwa où j'étais parmi les meilleures élèves. J'étudiais sans relâche, avec engagement et passion, des heures durant. Cela se passait plutôt bien même si j'étais un peu sous l'eau : je travaillais en même temps d'arrache-pied comme graphiste dans une agence de tourisme qui ne me payait pas. Mais peu importe, j'étais ultra motivée et je voulais accumuler de l'expérience professionnelle. Malheureusement, six mois plus tard, le salaire et la promesse d'embauche qu'on m'avait fait miroiter ne montraient toujours pas le bout de leur nez et je me suis retrouvée à sec. Après quelques semaines de galère à faire du baby-sitting et du dog-sitting en urgence, j'ai finalement été embauchée dans une entreprise coréenne comme assistante marketing. J'avais enfin un vrai salaire, mais plus de temps pour les cours de coréen.

Les six derniers mois de cette première année en PVT ont été fabuleux. Je m'étais fait une super copine. Nous enchaînions les virées shopping et les soirées en discothèque, nous faisions énormément de rencontres, et nous étions invitées partout. J'étais heureuse et épanouie dans ma boîte et je touchais mon rêve du doigt : j'allais m'installer en Corée durablement, j'en étais à présent persuadée.

Les choses ont commencé à réellement se gâter vers la fin de l'année. Mon visa PVT arrivait à terme. Mon travail était très valorisant et mon patron voulait que je reste. Il s'est démené pour m'obtenir un visa de travail allant jusqu'à faire appel à un avocat et à refaire mon dossier deux fois. Malheureusement, ces demandes ont été rejetées par l'immigration coréenne. Motif : je n'étais pas suffisamment qualifiée. Effectivement, même si je faisais bien mon travail, à ce moment-là, je n'avais encore qu'un niveau bac pro. Ironie du sort, j'ai proposé mon poste à une copine qui avait un master en marketing. Elle a eu son visa en deux semaines... Quant à moi, retour à la case départ.

Cette injustice m'a dévorée de l'intérieur et m'a mise dans un état d'esprit de rébellion : non, je n'allais pas laisser tomber ! C'était parfaitement injuste que l'on me refuse un visa parce que je n'avais pas assez de diplômes. Non, je n'allais pas reprendre trois ans d'études à 28 ans pour un bout de papier, alors que j'avais toujours réussi à trouver du travail. Je refusais de voir la réalité en face.

En rentrant en France après la fin de mon PVT, je me suis mise en quête de moyens alternatifs. Comment retourner en Corée et obtenir ce fichu visa la prochaine fois ? Je me suis persuadée que si je parlais couramment coréen, je trouverai plus facilement du boulot et un moyen pérenne de rester. Cela me permettait dans un premier temps de décrocher un visa étudiant et de reprendre mon aventure coréenne là où je l'avais laissée. Grâce à l'argent que j'avais mis de côté avec mon travail et celui d'un prêt étudiant, j'ai intégré les cours intensifs de coréen de l'université de Sogang.

Les classes à Sogang étaient très grandes - type amphithéâtre. J'avais l'impression d'être dans un hall de gare et de ne pas connaître mes voisins de table. Nos professeurs nous encourageaient à faire des jeux de rôles et à toujours parler entre nous en coréen, même le midi ou pendant les pauses. Je me suis mise une pression folle. Au départ, ça m'amusait de baragouiner en coréen pour parler de la pluie et du beau temps, et puis j'ai fini par me lasser. Ce qui aurait pu me motiver à apprendre plus vite est en fait devenu une véritable angoisse. Je ne parlais plus à mes camarades, car je ne savais plus quoi leur dire et que les banalités me paraissaient inintéressantes. Les jours défilaient et, le matin, je partais avec une boule toujours plus grosse dans le ventre. Jusqu'au jour où ma professeure nous a demandé de faire un dialogue avec un camarade. Ce matin-là, j'étais particulièrement irritée et mal à l'aise... Je me suis braquée : « Je n'ai pas envie de le faire, je ne le fais pas. » Le lendemain, je me suis sentie tellement honteuse et en colère contre moi-même que je n'y suis jamais retournée.

Je pense que je n'ai pas supporté la frustration et cette pression constante que l'on nous imposait à l'école. Trop de « spectateurs », trop de règles, trop d'attente de résultats, alors qu'au départ, je faisais simplement cela pour l'amour de la langue et le goût d'apprendre. J'en ai été dégoûtée. Encore aujourd'hui, il s'agit probablement de mon plus grand regret. À cause de cet échec, je parle très peu coréen. Ce n'est pas faute d'avoir continué à apprendre – j'ai pris des cours en institut privé ensuite –, mais je crois avoir développé une forme de complexe vis-à-vis de cette langue que je ne suis pas parvenue à dépasser.

En quittant Sogang, je n'ai pas seulement perdu confiance en moi, j'ai aussi perdu mon visa d'étudiante. Après quoi, je suis redevenue une touriste autorisée sur le territoire pendant quatre-vingt-dix jours maximum. Tous les trois mois, ultra stressée, car me sachant dans l'illégalité, je devais faire un saut au Japon pour pouvoir ensuite retourner en Corée. C'était un plaisir de retrouver ce pays que j'aimais tant... et une énorme contrainte financière, car je vivais sur mes réserves et mon prêt. Je donnais bien ponctuellement des cours de français (dans des cafés ou via une agence en ligne de cours particuliers) et je faisais aussi de petites missions de traduction ou de figuration – mais rien ne payait suffisamment. Une fois de plus, sans visa et bientôt à court d'argent, j'ai dû rentrer bredouille chez mes grands-parents en France.

J'ai un peu eu une épiphanie à cette période et j'ai réalisé que je me débattais dans le vide. J'ai fini par me faire une raison : à 29 ans, j'ai donc décidé de reprendre mes études afin d'obtenir l'exaspérant bac+3 qui m'avait tant fait défaut. J'ai choisi de suivre un BTS communication à distance avec le CNED en lien avec mes expériences professionnelles. Je pensais rester en France au moins pour quelques temps, mais je n'ai pas tenu en place. Très vite je suis repartie en Corée : j'ai rassemblé le peu d'argent qui me restait et j'ai pris l'avion pour Séoul.

Je me souviendrai toujours de mon arrivée à l'aéroport ce jour-là. J'étais en train de me filmer pour faire un vlog dans lequel j'exprimais mon bonheur d'être déjà de retour, comment je me sentais déjà « à la maison ». En arrivant au guichet de l'immigration, j'ai coupé la caméra et je me suis avancée avec mes papiers. J'ai rapidement compris qu'il y avait un problème. L'homme semblait faire des vérifications avec mon passeport. Je lui ai demandé s'il y avait un souci et il a passé un coup de fil avant de me tendre le combiné. On m'a dit qu'il y avait une complication et que je devais immédiatement me rendre au bureau de l'immigration. J'ai commencé à paniquer bien que je ne comprenne pas ce qu'on pouvait me reprocher. On m'a conduite dans une petite pièce et je me suis assise face à un des employés, qui m'a à nouveau tendu le téléphone. Là, une voix s'est adressée à moi en anglais et m'a dit « on sait que vous avez travaillé illégalement ». Je suis restée bouche-bée, je ne comprenais pas de quoi il parlait. J'ai nié. « On a des preuves ». J'avais l'impression d'avoir été catapultée dans un film de gangster ou dans une caméra cachée. Je ne me suis pas démontée. « Rendez-vous demain à 9h à l'Immigration. » Ouf, on m'avait laissé entrer dans le pays. J'ai rejoint le *goshiwon* (chambre de dortoir minuscule) que j'avais loué pour la nuit, fatiguée et stressée par ce qui venait de m'arriver.

Le lendemain, direction l'Immigration. Il était tôt, c'était très loin et je me suis perdue plusieurs fois avant de trouver la bonne adresse. Quand je suis arrivée sur place, on m'a installée seule dans une pièce avant qu'un homme vienne se placer face à moi. « Vous avez donné des cours de français l'année passée, sans visa. » J'ai continué de nier en pensant que les cours informels que j'avais donnés ponctuellement dans des cafés n'avaient rien à voir avec leurs accusations. L'agent s'est levé avant de revenir avec des feuilles. Il en a posé une en face de moi : « C'est bien votre CV ? » Puis une autre : « Et ça, c'est votre bulletin de salaire ? » Et là, ça y est. J'ai réalisé qu'il faisait allusion à l'institut en ligne qui m'avait embauchée comme professeur particulière de français alors que j'avais encore mon visa d'étudiante. Je n'avais donné que trois cours en réalité et je pensais que j'étais dans la légalité à ce moment-là. L'agent m'a expliqué que l'entreprise avait en fait tellement fraudé que le patron était en prison, et qu'ils avaient voulu m'arrêter - sauf que j'étais déjà partie de Corée à ce moment-là. Ils attendaient que je revienne pour m'interpeller.

Heureusement, l'homme a cru en ma bonne foi et s'est montré compréhensif. Il m'a demandé de rédiger, en anglais, une lettre d'explication et d'excuses et m'a indiqué que je devrais payer une amende. « Normalement c'est 1 million de wons (environ 800 euros), mais je vous la fais pour 500 000 wons (400 euros) ». J'avais sept jours pour régler le montant par virement ou je serais expulsée de Corée pendant plusieurs années.

Je suis rentrée chez moi en larmes. Je devais avoir à peine 500 euros sur mon compte et je comptais justement donner des cours de français chez des particuliers (en sachant bien que ce serait illégal cette fois puisque je n'avais pas de visa). Comment allais-je m'en sortir ? Heureusement, ma mère m'a aidée à payer l'amende. Pour le reste, j'étais dans l'incertitude la plus totale. J'ai erré quelques semaines, de *goshiwon* en coloc, en me faisant héberger à droite et à gauche.

Par chance, peu de temps après cette histoire, un ami m'a parlé d'un bon plan et j'ai obtenu un visa *entertainment* grâce à une émission TV populaire qui embauchait régulièrement des étrangers. En parallèle, j'ai continué mes études à distance et j'ai réussi à trouver un stage rémunéré dans une petite boîte d'animation en tant qu'assistante communication, grâce à mon réseau. Je faisais également des apparitions dans des publicités et de la figuration dans des *drama* coréens, ce qui me permettait de gagner un peu d'argent et de rencontrer des célébrités sur les plateaux de tournages.

C'est à cette époque, en 2014, que j'ai commencé les vlogs sur YouTube. J'avais toujours eu des blogs : d'ailleurs durant mon PVT au Japon, j'écrivais chaque jour tout ce que je faisais. Le but était de partager mon expérience et de donner des infos très concrètes pour aider les futurs voyageurs. Passer à la vidéo m'a semblé évident. Je vivais tellement de choses là-bas que, dès que l'envie me prenait, je mettais ma caméra, et je parlais devant l'objectif. Je voulais faire quelque chose d'ultra-spontané – mes premières vidéos sont d'ailleurs très longues avec peu ou pas de montage. J'y parle de mon quotidien, des différences culturelles, de mes galères d'immigrée française pas tout à fait légale... et un peu d'amour.

***

Mes histoires sentimentales sont un sacré morceau que je n'ai jamais voulu trop exposer dans les détails. J'étais vraiment partie avec l'idée, comme dans un *K-drama*, de tout réussir : le travail, pourquoi pas une carrière artistique, et l'amour. Du coup, j'ai rapidement enchaîné les rencontres avec l'objectif de rencontrer « the one », le seul, l'unique, le vrai.

Puisque j'en suis aux confessions, je dois dire que même si j'avais presque la trentaine, émotionnellement, j'étais vraiment naïve. J'étais peu expérimentée sur le plan sentimental. Avant la Corée, je n'avais eu que deux longues relations qui s'étaient déroulées de façon très naturelle. Je ne comprenais pas pourquoi ça ne fonctionnait pas à Séoul : pour moi, l'amour n'était pas si compliqué. On se plaît, on se met ensemble. Pourtant, j'enchaînais les échecs sentimentaux et les désillusions. Je me disais, celui-là, c'est le bon, ça va marcher ! Je ne réalisais pas que, parce que j'étais française et blanche, par défaut, j'attirais beaucoup plus facilement les hommes qui avaient une curiosité pour les étrangères. L'un de mes amis coréens m'a d'ailleurs fait découvrir le terme « cheval blanc », que certains utilisent pour se vanter d'avoir « monté » des filles occidentales.

Le pire, c'est que les Coréens *ont* ce côté très prince charmant. Ils sont très propres sur eux, avenants, ils vous font des cadeaux, vous traitent comme une princesse… Comme dans les *drama*. Le problème est que ce comportement est superficiel. En France, si un garçon s'investit autant avec une fille, c'est rarement simplement pour coucher avec elle. En Corée, c'était comme si les mots n'avaient aucun poids. Les hommes disent « je t'aime » comme ils diraient « salut ». C'est complètement contre-intuitif, parce que c'est l'opposé de nos codes à nous. On ne peut donc pas se fier ni à ce que la personne dit, ni à ce que la personne fait - si bien que l'on vit avec une sorte d'épée de Damoclès constamment au-dessus de la tête. J'ai tellement d'amies qui avaient des relations idylliques et pour qui tout s'est arrêté subitement. Le fameux syndrome du copain coréen qui disparaît du jour au lendemain. Plop ! Elles apprenaient plusieurs mois plus tard qu'il était en couple avec une Coréenne et qu'il allait l'épouser, ou qu'il collectionnait les copines à travers le monde - ce qui était le cas de mon ex…

Cela ne s'améliore pas vraiment avec le temps, même une fois qu'on a compris une partie des codes. Les Coréens et les Coréennes ont lu le même manuel de règles, mais lorsqu'on est étrangère, c'est comme jouer les yeux bandés. Se faire avoir est quasi systématique, surtout lorsque l'on vient d'arriver et que l'on ne sait pas réagir à tous ces cadeaux, ces déclarations d'amour « pour toujours » et ces attentions débordantes de romantisme.

Les Coréens sont loin de tous êtres des manipulateurs, bien sûr. J'ai rencontré des hommes bien et j'ai fait de très belles rencontres, certaines inoubliables. J'ai notamment eu cette relation hors du commun avec quelqu'un qui me cachait une partie de sa vie, par pudeur, durant ma première année à Séoul. On est sortis ensemble plusieurs mois et je sentais bien qu'il n'était pas du tout disponible. Il ne pouvait pas me voir au dernier moment, refusait de dire pourquoi et ensuite se mettait en colère quand je lui demandais de m'expliquer son comportement. On a fini par se séparer. J'ai découvert par la suite qu'il s'occupait de sa maman malade et tétraplégique. Il avait dû arrêter les études, n'avait pas de sous pour la faire hospitaliser et jouait donc les infirmières à la maison. Il avait refusé de m'en parler parce qu'il y avait quelque chose de honteux pour lui dans cette situation et qu'il ne voulait pas me charger de ce poids. L'année d'après, il a tenté de se suicider…

Ce genre de situation m'a souvent mise en colère contre la Corée. Voir des gens, des amis, souffrir sous la pression sociale ou pour des questions d'apparence me déchire le cœur. Très honnêtement, je suis contente de ne pas être née coréenne. En tant qu'étranger sur place, on peut ne prendre que le meilleur : la qualité de vie est exceptionnelle, les transports sont propres, on trouve des produits de qualité pour trois fois rien, la nourriture est saine et délicieuse, on se sent en sécurité… Mais dès que l'on entre un peu en confrontation avec le quotidien d'un Coréen, on se rend compte que cette image édulcorée et privilégiée est loin de la souffrance qu'ils ressentent à l'intérieur. Ils sont les premières victimes de tout ce système qui les pousse parfois à des extrêmes.

Ce qui ne veut pas dire qu'il faudrait exempter tous les Coréens de leurs responsabilités. Beaucoup ne réalisent pas la portée de leurs actes et minimisent beaucoup les choses. En Corée, c'est bien connu, tout est excusable quand vous avez bu trop d'alcool ! Si à une soirée entre collègues vous racontez quelque chose de compromettant ou que vous dansez à moitié nu sur la table, personne n'en reparlera le lendemain. De même, si vous emmenez une fille complètement ivre à l'hôtel, et que vous couchez avec alors qu'elle est à moitié absente... ce n'est pas considéré comme un abus sexuel pour beaucoup de Coréens ! Cette culture du viol en Corée est terrifiante et je dois dire que je me suis moi-même souvent retrouvée au pied du mur. Je me rappellerai toujours de cet homme qui m'avait supplié d'aller aux toilettes au moment de me raccompagner chez moi. J'avais fini par accepter à force d'insistance. Il y était allé le premier, puis j'avais fait de même. En sortant, je l'avais trouvé dans ma chambre, complètement nu face à moi. Je suis restée scotchée. Heureusement, ça n'a pas dérapé. Des amies à moi, par contre, ont déjà été violées alors qu'elles étaient saoules. D'ailleurs l'un de mes anciens amants, pourtant adorable et respectueux avec moi, a été pris dans un scandale d'abus sexuel sordide envers des étrangères... Ce genre d'histoires n'arrive bien sûr pas qu'en Corée, mais elles aident à bien se souvenir qu'il ne s'agit pas du tout d'un pays parfait.

De manière générale, le contexte fait qu'il est très facile de faire ce que l'on veut lorsque l'on est un homme. On ne réalise pas à quel point les deux genres ne sont pas sur un pied d'égalité là-bas. En venant de France, en tant que femme, on a des acquis, on est dans la révolte, l'émancipation, la transparence, il faut tout dire. En Corée, il commence à y avoir des mouvements pour l'égalité des femmes - mais on est encore loin de s'approcher de la liberté qu'on a acquise en France. Ce décalage pose d'autant plus problème lorsqu'on est étrangère et que l'on ne sait pas où l'on met les pieds. Les Coréens s'autorisent des choses qu'ils ne se permettraient jamais avec des Coréennes : à ce niveau-là, il y a un vrai manque de respect et d'éducation de la part de certains.

Un autre aspect des relations en Corée qui m'a surprise, c'est la vision de l'amour à l'approche de la trentaine. Je me souviens avoir accepté de boire un verre avec un homme un soir. Il avait 32 ans. Il avait tenté de marquer des points en m'offrant une boîte de chocolat français de « grande qualité », a-t-il affirmé, très sûr de lui (je les ai vus quelques jours plus tard dans une supérette). Vingt minutes après le début du rencard, il a commencé à entrer dans une négociation : « Tu vois, on pourrait, si tu sens que ça se passe bien, envisager de se marier… » Il me vendait la vie avec lui : « Tu n'aurais pas besoin de travailler, j'ai tout ce qu'il faut, je sais comment rendre une femme heureuse » et d'ajouter très sérieusement au moment de me raccompagner en voiture : « Écoute, je te laisse réfléchir. Prends ton temps. Tu y penses et tu me donnes une réponse, ok ? » Ça m'a mise incroyablement mal à l'aise – j'avais l'impression qu'il allait me séquestrer ! À la manière dont il présentait les choses, il pensait avoir tout ce qu'il fallait sur le papier et ne voyait aucun problème au fait qu'on ne se connaisse pas. Je suis partie et j'ai un peu paniqué, le temps que la voiture s'éloigne. Finalement, je ne lui ai plus donné de nouvelles et lui non plus. J'ai compris ensuite, en parlant avec d'autres Coréens, que le mariage est pour beaucoup un contrat entre deux personnes, au sens littéral. À 27 ans, j'étais à l'âge où en Corée, il devient urgent de se marier. Autre exemple parlant : j'ai revu un de mes ex coréens longtemps après notre rupture. Nous n'avions plus de sentiments l'un pour l'autre, c'était clair et assumé, et pourtant il voulait se remettre avec moi. La conversation qu'on a eue était lunaire : je lui répétais qu'on ne s'aimait plus, il m'assurait que les sentiments viendraient, tout en vantant son nouveau travail stable et la taille de son nouvel appartement. Et malheureusement, des « anecdotes » comme cela, j'en ai énormément en stock !

Parmi tous ces essais de relations, je n'en ai qu'une seule qui ait vraiment duré. Et ça n'a pas été une grande réussite. C'était lors de ma troisième et dernière année en Corée. Manque de chance, je suis tombée sur un pervers narcissique qui m'a isolée de mes amis et de ma famille. Évidemment, cette pathologie n'est pas liée au fait qu'il soit coréen, bien qu'on puisse se poser la question de l'impact familial et sociétal sur cette condition. Il était toujours haineux, disait détester ses parents, les gens. Moi, je me sentais valorisée quand j'arrivais à le faire sourire, parfois même rire. Il était grand, bien fait, bien plus jeune que moi, je le trouvais tellement séduisant. On passait de super moments, on partait en week-end, il me faisait découvrir de nouveaux plats coréens. Je pensais que j'arriverais à le changer, qu'avec moi, il irait mieux. Je m'accrochais fermement à cette certitude. Après deux ans de galère, enfin, les choses semblaient se mettre en place. J'étais dans une relation qui durait, j'avais repris mes études et j'avais un stage rémunéré qui, je l'espérais, me permettrait d'avoir un visa à terme. Je retrouvais espoir.

Finalement, ma troisième et dernière année en Corée est devenue de plus en plus ingérable. Même si je m'éclatais ponctuellement sur les plateaux de tournage - je vivais une partie de mon rêve de paillettes de ce côté-là -, je ne gagnais presque rien et renouveler mon visa *entertainment* me coûtait trop cher, car je devais le renouveler hors de Corée tous les quatre-vingt-dix jours. Mon état commençait à sérieusement se dégrader : j'étais amaigrie, je faisais de l'anémie et des malaises fréquemment. Quant à ma relation, elle devenait de plus en plus toxique, à base de rapports non consentis, de chantage et de menaces de suicide de mon copain. J'essayais de le quitter, mais il venait sans prévenir en m'attendant à l'entrée de l'appartement, me suppliait. J'en étais arrivée à un point où j'avais peur d'ouvrir ma porte ou de rentrer du travail et qu'il soit là. En parallèle, je continuais de m'accrocher pour mon BTS, mais je me sentais dépassée et exténuée. Une énième tentative d'obtenir un visa de travail a achevé d'enfoncer le clou. Malgré toute la bonne volonté de mon patron, devenu mon ami, il m'a été refusé et s'en fut trop. Il fallait vite que je prenne une décision pour ma santé physique et mentale. J'ai réalisé que depuis plus de trois ans, ma vie, si passionnante fut elle, était devenue une lutte permanente.

Le 7 novembre 2015, j'ai pris la décision de partir. Est-ce que ça a été difficile ? Oui. Mais à ce stade, c'était aussi un soulagement. Je réalisais que j'avais vécu tous mes fantasmes coréens, même si cela ne s'était pas passé comme je l'aurais voulu. Ce n'était pas un échec, mais il fallait que j'arrête les frais pour pouvoir aller de l'avant. J'étais heureuse de rentrer en France, dans ma famille dans ma ville natale. J'ai pu renouer avec mes racines. Il faut parfois partir loin pour réaliser que l'essentiel se trouve chez soi et je suis contente d'avoir pu tirer cette leçon de cette folle expérience.

***

Je ne regrette pas d'être partie, même si cela a été une période particulièrement intense et difficile. Vivre en Corée m'aura permis de grandir et de trouver une orientation qui me plaît.

Je suis partie naïve et les yeux pleins d'innocence. Je suis rentrée abîmée, mais aussi adulte et plus forte.

Il m'a tout de même fallu quelques années avant de pouvoir me remettre de tout ça, raison pour laquelle, à un moment donné, j'ai voulu totalement changer de pseudonyme et tirer un trait sur « Nunaya World ». D'une certaine façon, certaines expériences sont restées traumatisantes et comme elles sont reliées à la Corée, je dois encore prendre du recul afin de me réconcilier pour de bon.

Même si elle me pèse encore parfois, cette expérience au *Pays du Matin calme* (pas si calme !) m'a tout de même apporté énormément de choses positives. Elle m'a permis de réaliser que je pouvais faire ce que je voulais. Après mon BTS communication à distance, j'ai finalement obtenu une licence pro en entrepreneuriat, ce qui me permet d'avoir le niveau minimum requis si je voulais retourner travailler en Corée ou ailleurs. Mes nombreuses expériences de tournage à la TV ou au cinéma m'ont aussi permis de me lancer en tant que comédienne en France, une carrière que j'espère développer. Et puis surtout, j'ai été contactée par une grande maison d'édition et, en 2020, j'ai publié un livre sur les cultures coréenne et japonaise !

Aujourd'hui, je vis de ma plume en tant que rédactrice Web freelance, je sais que je peux voyager dans le monde entier et mener la vie que j'ai choisie. Je suis armée pour faire face aux difficultés et prête à vivre de nouvelles aventures. Même celle de retourner un jour à Séoul… Après tout, maintenant, je sais ce qui m'y attend !

Chapitre 11

Éclairer

Ophélie Surcouf
Française,
26 ans

Au cours des années, la K-pop est l'une de mes idées préconçues qui a été la plus malmenée. Comme je l'expliquais au début de ce livre, ce n'est toujours pas ma tasse de thé, mais je reviens de loin ! Fut un temps, en 2009, je la détestais de tout mon être. Je ne comprenais pas pourquoi elle était plus populaire que les séries que j'adorais. Je ne supportais pas la musique que je trouvais trop commerciale (à ma décharge, j'étais une adolescente aux avis extrêmes). Je refusais de voir les clips. Plus que tout, je ne voulais pas être associée au cliché de la fan de boys band alors que les One Direction vivaient leur âge d'or.

J'ai commencé à changer d'avis seulement à la fin du lycée, en 2011. On était à quelques mois du bac lorsque le drama Dream High *est sorti. Il racontait l'histoire de plusieurs jeunes qui se retrouvaient dans un lycée spécialisé pour apprendre le chant, la danse et devenir des idoles. Depuis devenu culte pour son casting de super stars et pour la manière dont il a révo-*

lutionné le marketing autour des bandes-son dans les drama, Dream High *m'a surtout marquée parce qu'il est le tout premier contenu qui m'a vraiment ouvert l'esprit par rapport à la* K-pop.

Je me souviendrai toujours d'une phrase prononcée par l'héroïne Go Hye-mi dans un épisode : « Si une chanson de K-pop *peut rendre quelqu'un heureux, alors qui suis-je pour juger de sa qualité ? » Il faut savoir qu'au début du* drama, *son personnage est sur le point de s'envoler pour Julliard, la célèbre école de musique américaine, où elle compte y étudier l'opéra et la musique classique. À la place, elle se retrouve jetée de force dans un univers qu'elle méprise pour rembourser des dettes familiales : celui de la* K-pop. *Ce n'est qu'au contact de ses camarades, de ses professeurs et de fans, qu'elle comprend que sa passion pour la musique et la leur sont similaires. L'important n'est pas son genre, classique ou populaire – mais ce que la musique représente pour la personne qui l'écoute. Rien de révolutionnaire, me direz-vous, et pourtant ses mots ont enfoncé une porte fermée dans mon esprit.*

À partir de cette mini-épiphanie, j'ai commencé à m'intéresser à la K-pop. *Pourquoi était-elle si populaire ? Comment était-elle produite ? Quels étaient les groupes emblématiques ? Qui étaient ses fans ? Je me suis passionnée pour l'engrenage, à défaut d'en aimer le produit. Je ne revenais pas de la richesse créative derrière les clips vidéos ou l'utilisation incroyable que les Coréens y font de la lumière et des couleurs. J'ai commencé à faire des interviews de producteurs de clips, à lire et à contacter des chercheurs pour en apprendre plus sur les ressorts de l'industrie. J'avais envie de changer d'avis sur plein d'autres choses que je regardais de haut.*

Puis en 2017, j'ai entendu parler pour la première fois de BTS. Là encore, nouveau challenge. Je ne crois pas avoir un jour essayé d'aimer un groupe comme j'ai essayé d'aimer BTS. J'y suis presque parvenue fin 2018, début 2019, tandis qu'ils ra-

flaient l'attention des télés américaines... mais quelques mésaventures avec la communauté de fans m'ont poussée à faire dix pas en arrière. Ce n'était pas de chance - j'ai écrit des articles sur le groupe pour des médias anglophones et la manière dont ils ont été édités a été terrible dans deux articles sur trois, sans me demander mon avis (ou en l'ignorant complètement). J'étais toutefois désignée comme l'auteur de ces textes et les fans en colère me sont tombés dessus sur les réseaux sociaux (et dans les deux cas, difficile de leur en vouloir sur le fond, même si les méthodes étaient beaucoup trop agressives). Je me suis vite protégée, mais le mal était fait. BTS et moi, ça n'avait pas vraiment commencé que c'était déjà fini...

Sauf que j'écrivais ce livre déjà à l'époque, et comment parler du rêve coréen sans parler de long en large de BTS ? Leur impact sur la propagation de la Hallyu *est historique au moment où j'écris ces lignes. Ils ne sont pas les premiers à avoir pénétré le marché américain, ils ne sont pas non plus les premiers à avoir un groupe de fans organisé et dévoué à les promouvoir - mais ils ont rendu la* K-pop *grand public et leur ARMY est l'un des - sinon le - réseau de fan le plus large et le plus organisé au monde. En 2017, je devais encore expliquer ce qu'était la* K-pop. *Depuis 2019 ou 2020, je ne suis pas sûre de devoir encore vraiment m'en préoccuper. Bref, j'avais entrouvert la porte, on me l'avait claquée au nez et maintenant, il fallait que j'entre dans la pièce et me plonge dans tout ce qui concernait BTS sans me laisser distraire par ma propre expérience.*

Planter des idées

NICOLE SANTERO
Américaine,
29 ans

J'ai contacté Nicole Santero, connue sur Twitter sous le nom de @ResearchBTS. En parallèle de son travail de directrice dans la communication, elle prépare un doctorat en sociologie sur BTS et leur *fandom*. Nous avons beaucoup discuté. De Corée, de *K-pop*, de recherche, et du groupe bien sûr. « Le message autour d'eux est peut-être l'aspect de leur œuvre qui a le plus d'impact », m'explique-t-elle avec l'assurance d'une chercheuse et le regard joyeux d'une fan. « Tu peux être toi-même. Tu peux t'aimer. Tu vaux quelque chose, même si tu as vécu beaucoup de moments difficiles. »

Je crois que malgré moi, je n'arrive pas à cacher mon scepticisme - oui, l'idée est belle mais qu'a-t-elle de si extraordinaire ? - car Nicole reprend avec l'énergie de celle qui a l'habitude de défendre sa passion. « Ce message n'a rien de nouveau », concède-t-elle. « Des gens dans notre vie nous le disent tous les jours. Seulement, quand l'écoutons-nous vraiment ? Je crois que c'est cela que BTS a réussi à accomplir, grâce à leurs chansons, leurs discours, leur charisme. Ils ont concrétisé cette idée pour tellement de gens qu'ils en ont presque fait un mouvement. » Nicole s'interrompt un instant avant de reprendre : « Il existe d'ailleurs une maxime dans le *fandom* : 'tu trouveras et découvriras BTS au moment où tu en auras le plus besoin'. Beaucoup de personnes racontent qu'ils les ont vraiment aidées, ou qu'ils les ont *sauvées.* » Nicole se souvient d'avoir lu le témoignage d'une femme qui racontait qu'elle était dans une relation abusive et qu'en écoutant le groupe, elle avait commencé à prendre conscience de sa propre valeur.

La plupart des ARMYs – les fans de BTS – font ce qu'ils peuvent pour transmettre ce message et en appliquer les valeurs. Il y a des groupes pour tout. Certains encouragent à faire de grosses donations à des œuvres de charité ou créent des groupes de soutien pour les personnes à la santé mentale fragile. Ils partagent les recettes cuisinées par BTS pendant leurs émissions télévisées et éduquent leur public à la gastronomie coréenne. D'autres offrent des sessions de tutorat aux enfants qui ont des difficultés en classe. Il existe aussi des communautés pour les mères d'enfants fans de BTS – qui deviennent souvent fans à leur tour.

« Je comprends les gens qui pourraient juger trop rapidement l'ensemble du *fandom* lorsqu'ils sont confrontés à ses aspects toxiques, parce qu'il y en a », ajoute Nicole avant de rappeler et souligner que c'est le cas dans toute communauté en ligne. « Lorsque j'ai créé mon compte Twitter, j'étais terrifiée. Mais je me suis rendue compte que la plupart des fans veulent surtout se soutenir les uns les autres et aider d'autres qu'eux à accomplir de bonnes actions grâce à BTS. Il y a énormément de préjugés vis-à-vis d'eux. » La chercheuse me montre alors un diagramme qu'elle publie souvent sur les réseaux. Celui-ci compare les supporters de sports et les fans de boys band et de *K-pop*, et elle le ressort dès qu'elle voit un article qui qualifie ces dernières « d'hystériques » ou se moque parce qu'elles pleurent. « Dans les deux cas, décrit-elle, on retrouve des similitudes : le sens de la communauté, les fans qui crient, l'argent dépensé en objet dérivé, la loyauté pour un groupe ou une équipe, la connaissance très pointue du milieu… La différence principale, c'est toujours le genre dominant des fans. »

Nicole a vécu ce double standard toute son adolescence. Elle adorait les boys bands, mais elle était également une fan de sport et une athlète. Elle était « l'un des mecs » lorsqu'elle gagnait des trophées et des compétitions, mais dès qu'elle mentionnait son amour pour One Direction, on la regardait bizarrement. « Il y avait une partie de moi 'cool', et une partie de moi ringarde », constate Nicole en haussant les épaules. Ce qui l'agace prodigieusement c'est la manière dont on juge les fans de sports dans leur généralité, et les fans de ce type de groupes musicaux sur les actions d'une minorité. « Le sport est devenu une part tellement normale et aimée de la société qu'en être fan n'est pas quelque chose que les gens ont besoin d'expliquer », analyse-t-elle. Les termes consacrés, également, sont différents. Les fans de sport sont « passionnés » et « dévoués », les fans de *K-pop* sont « adolescentes », « hystériques », ou « en larmes ».

Alors, certes, il serait facile de condamner les médias pour leur propension à reprendre les clichés, mais il n'est pas toujours simple de leur échapper. J'ai rencontré ce problème en écrivant ce livre dès les premières lignes : dans l'introduction, je raconte avoir assisté à un concert de BTS. La première version de ce texte comportait tous les stéréotypes. Je ne savais pas quels autres termes utiliser pour décrire ce que j'avais vu et ressenti (il y avait objectivement des adolescentes en larmes). Quant à « l'hystérie », j'ai dans ma tête une idée très précise de ce à quoi cela ressemble, puisque je crois avoir vécu ce que l'on définit comme telle. Je décrirais cela comme une vague d'émotions qui vous parcourt si fort qu'elle vous submerge. Elle ressemble un peu à l'apesanteur qui soulève l'estomac juste avant une chute sur les montagnes russes. Sauf qu'elle se commence dans la poitrine puis se propage vers le haut jusque dans le crâne et au bout des doigts. C'est un moment où mon corps m'échappe et où d'une manière ou d'une autre, cette émotion doit sortir – que ce soit par des petits bruits bizarres, des cris, des larmes, des sauts sur place, que sais-je. Je me suis longtemps sentie ridicule après coup (une telle perte de contrôle pour des séries ou des livres ?) – avant de décider à la vingtaine qu'il n'y avait pas de honte à avoir à ressentir de fortes émotions.

J'ai expliqué ma démarche à Nicole : « Du coup, dans mon texte, j'ai retiré le terme 'hystériques' et tenté de mieux décrire les différents âges que l'on trouvait dans l'assemblée. Je ne crois pas pouvoir éviter de mentionner les pleurs ou les évanouissements, en revanche. Ça m'embête parce que je trouve ces mots connotés très négativement, j'ai peur qu'ils donnent une mauvaise impression… Mais il n'y en a aucun autre qui puisse raconter ce qui se passait de manière aussi factuelle. »

Nicole prend le temps de réfléchir avant de répondre. Elle aussi cherche les bons mots : « Je ne crois pas que l'origine du problème vienne du vocabulaire, en fait… Elle vient de la société qui voit ces actions comme négatives. » Prenons les évanouissements, par exemple : on oublie souvent que beaucoup de fans viennent attendre dans la queue la veille. Elles restent debout pendant des heures, ont souvent mal dormi, ou n'ont pas assez bu ou mangé. Puis elles passent des heures prises en sandwich entre d'autres fans, le cœur battant d'adrénaline et d'excitation dans une foule qui transpire, qui colle, qui bouscule, qui crie… Il y a de quoi s'évanouir d'épuisement, même sans l'émotion. « Et, puis, ajoute-t-elle, il n'y a rien de mal à pleurer. Je mets au défi quiconque d'autre que la personne qui pleure de savoir *pourquoi* elle pleure. Cela peut venir de choses très profondes. Par exemple, je me souviens avoir regardé la foule autour de moi pendant un concert de BTS et de m'être sentie incroyablement inspirée que le groupe ait pu rassembler des personnes d'horizons si différents au même endroit. Cela m'a également fait penser à l'impact qu'ils ont pu avoir sur ma vie, et cela a suffi à me mettre les larmes aux yeux. »

À la lumière de cette conversation, je me suis rendue compte que j'avais toujours qualifié mes moments « d'hystérie » simplement parce que c'est un produit culturel, une fiction qui leur avait donné naissance, et non la « réalité » de ma vie. Parce que sa source était fictionnelle, ma *passion* – car c'est après tout de cela qu'il s'agit – n'était pas « admirable », mais « hystérique » et donc sans importance.

Si je pleure devant un film triste comme *La Ligne Verte* ou *la Liste de Schindler*, c'est un comportement jugé normal – voire même positif car il prouve que je suis capable d'empathie et ne suis donc pas une psychopathe. Ces films sont aussi reconnus universellement comme des chefs d'œuvres. En revanche, si je pleure lors d'une scène d'une série coréenne, un soap opéra, je suis jugée trop sensible – voire niaise. Si je trépigne de joie lorsque j'obtiens un nouveau job, ma réaction s'explique et l'on va venir trépigner avec moi. Si je me mets à sauter dans mon salon à la fin d'un épisode d'une série – on va plutôt me prendre pour une folle et, au mieux, gentiment se moquer de ma réaction ?

MATHIEU BERBIGUIER
Français,
27 ans

Les Coréens ont un proverbe pour ces idées (vraies ou fausses) qui prennent racine : 말이 씨가 된다 (*mal-i-siga doenda*), littéralement : « *la parole devient une graine* ». C'est l'adage préféré de Mathieu Berbiguier, un Français qui fait son doctorat en études coréennes aux États-Unis après avoir passé de nombreuses années à étudier et travailler en Corée. Son sujet de prédilection est de décortiquer les différences entre la manière dont les fans coréens et les fans étrangers régissent à la *K-pop*.

Il aime l'avertissement que cette maxime contient - à savoir « il faut faire attention à ce que l'on dit » - et son côté prophétique. C'est pourquoi il s'engage de plus en plus pour que la recherche sur la *K-pop*, les médias et même les fans cessent de traiter ce mouvement musical comme un phénomène montant. « Cela fait longtemps que la *K-pop* est *mainstream* - et ce, dans le monde entier maintenant », défendait-il avec conviction lors de l'un de nos échanges tardifs (il fait nuit pour moi, chez lui, en Californie, il est midi) via Zoom. « Il est temps d'arrêter de la traiter comme une nouveauté exotique et d'écrire sur le sujet avec davantage d'expertise. »

Le sujet touche Mathieu d'autant plus qu'il est quasi bilingue en coréen - après avoir passé des années à étudier la langue à Paris et à Séoul, puis travaillé pour une entreprise coréenne et s'être lancé dans la traduction de *webtoon*. Cela l'a rendu très sensible au fait que les fans étrangers comprennent souvent de travers la culture coréenne... et que les chercheurs ou les médias qui écrivent sur celle-ci ne parlent souvent pas du tout coréen.

L'une de ses études se consacre au discours qu'a tenu BTS à l'assemblée des Nations Unies pour l'UNICEF en 2018. « Peu importe votre identité de genre, vous devez vous exprimer », aurait dit Kim Nam-Joon (a.k.a. RM), le leader du groupe au micro. Les fans internationaux ont beaucoup apprécié cette attention et sur les réseaux, se sont épanchés : « Ah, BTS, on les savait très inclusifs, ils acceptent toutes les sexualités ». Les fans coréens n'ont absolument pas relevé la phrase.

Mathieu s'est rendu compte en les interviewant qu'il y avait deux problèmes derrière cette différence fondamentale de perception. Tout d'abord, la traduction. RM parlait en anglais à son audience et, en coréen, le terme de « genre » a été traduit par « sexe ». Mais au-delà des divergences lexicales, il a constaté que, plus largement, les fans essayaient tellement de se convaincre que leur groupe préféré a les mêmes convictions qu'eux qu'ils mettaient un peu tout et n'importe quel sens derrière leurs mots.

La méconnaissance du langage ou de la culture coréenne par leur public bénéficie souvent à BTS. Certains fans s'extasient par exemple sur le fait que les membres de BTS n'utilisent pas de pronoms genrés dans leurs paroles… sauf qu'en coréen, l'usage des pronoms est quasi-inexistant. « Ce genre de lecture biaisée permet vraiment de calquer ses propres combats et envies sur les chansons du groupe », analyse le chercheur. « Ça n'a rien de catastrophique, après tout, l'histoire regorge de combats qui se sont appropriés des icônes de pop culture pour transmettre leurs messages. Mais étudier BTS simplement à travers des sources en anglais ne suffit pas. C'est manquer tout un pan du contexte. »

Cette remarque, il la destine avant tout à lui-même. « Garder un esprit critique lorsqu'il s'agit de BTS est difficile », confie-t-il d'une voix qui grésille légèrement dans mes écouteurs. « Je suis fan de BTS depuis le début. J'ai ma carte de fan, des posters, tout ça… En écrivant mon article, au début, je n'arrêtais pas de me dire que j'étais en train de montrer que les membres du groupe faisaient exprès d'utiliser certains mots pour attirer plus de fans. Qu'au fond, leur discours voulu 'naturel' était à la fois décidé par leur maison de production (qui veut donner une meilleure image du groupe) et par la Corée (qui veut donner l'illusion qu'elle est très ouverte sur l'international alors que, sur place, ce n'est pas si simple). J'avais l'impression de peindre un portrait très noir – et c'est là que je me suis dit qu'il fallait vraiment que je fasse attention de ne pas me censurer. Que c'était mon travail, et que si je voulais faire des recherches qui aient de l'intérêt, j'allais devoir montrer le positif et le négatif. »

Cette réflexion peut sembler évidente : après tout, la recherche décompose, fouille dans les recoins, approfondit le même sujet pendant des années. Sa nature même lui demande d'être objective, analytique, scientifique. Dans les faits, cela dit, ce n'est pas toujours le cas – surtout lorsqu'il s'agit d'études sur les fans. Il y a encore relativement peu de chercheurs qui se consacrent à temps plein à ce domaine. Peu ont le temps de produire des études complexes sur la question, car c'est un domaine encore fortement dénigré par la communauté académique. Historiquement, on trouve donc souvent des papiers ponctuels de chercheurs sur des thématiques précises avec deux points de vue : d'un côté les fans qui sont des chercheurs et ont tendances à aller chercher tout ce qui est positif, quitte à manquer d'arguments ou d'esprit critique. De l'autre côté, les non-fans qui ont souvent du mal à comprendre le comportement des fans et le peignent sous un jour plutôt négatif, voire condescendant.

Mathieu a surtout été confronté au côté optimiste. En janvier 2020, il a participé à *BTS : A Global Interdisciplinary Conference Project* – la toute première conférence mondiale entièrement dédiée à BTS, avec des intervenants venus de tous les bords académiques. C'était dans la banlieue de Londres, sur le campus de l'université de Kingston. L'ambiance y était détendue, raconte-t-il. Quasiment toutes les personnes présentes passaient derrière le micro à un moment ou à un autre pour exposer leur recherche. « L'idée était super, mais la majorité des personnes qui étaient là voyait BTS comme un sujet de recherche secondaire à leur principal sujet, constate le jeune chercheur. Du coup, leur papiers manquaient d'arguments –

ils essayaient beaucoup trop d'appuyer seulement les mérites du groupe. C'est dommage, parce qu'il y avait plein de sujets passionnants, mais personne n'a critiqué. »

Pendant les nombreux panels, les présentations traitent de psychologie, d'architecture, de mode, de genre... « Je n'ai pas pu aller à la présentation de Rita Powell, une pasteure venue d'Harvard qui a discuté de BTS et de religion », regrette Mathieu, le regard distrait en tapotant sur les touches de son clavier. Je crois qu'il cherche une vidéo de son intervention ou une version PDF de sa présentation quelque part pendant qu'il me parle. « C'est tellement intéressant comme idée, parce que les fans de BTS commencent vraiment à ressembler à un culte. Quand la *K-pop* a commencé à être populaire, les fans coréens n'aimaient pas les fans étrangers parce qu'ils ne les trouvaient pas assez loyaux : ils aimaient plusieurs groupes ou une chanson, à droite, à gauche. Pour eux, cela ne respectait pas leur *fan culture*, qui est d'être dans le fan club d'un groupe et c'est tout. Avec BTS, ce rapport est en train de changer complètement. Beaucoup de fans de BTS sont juste fans de BTS. Certains ne se revendiquent même pas comme des fans de *K-pop*. »

RITA POWELL
Américaine,
43 ans

Bien sûr, j'ai contacté Rita Powell. Une pasteure épiscopalienne fan de BTS ? J'étais très intriguée par ce qu'elle aurait à me dire. Dès les premières minutes, Rita a commencé à s'exprimer avec conviction, hyperboles et enthousiasme. Il y avait quelque chose dans sa voix et son énergie qui m'a pendue à ses lèvres. J'ai trouvé ça fascinant de me retrouver galvanisée simplement parce qu'elle partageait sa passion avec moi.

« Je suis une convertie improbable, a-t-elle reconnu en riant. Lorsque BTS est entré dans ma vie, je n'avais jamais été vraiment exposée à quoi que ce soit de coréen. Une amie m'a fait regarder l'un de leurs entraînements de danse où, pour Halloween, les membres du groupe étaient déguisés en Blanche Neige et les sept (enfin six) nains. Leurs déguisements étaient si ridicules et attachants que cela m'a rendue curieuse. Il y avait tellement de joie dans leur style exubérant que j'ai cliqué sur un autre lien : leur tube *Idol*. Je n'en revenais pas du volume d'images et de références contenus dans ce clip. Il y avait des tigres, des lapins dans la lune, cinquante tenues différentes, un requin dans le ciel... Puis je suis tombée sur *Spring Day* et je suis devenue accro. La composition des paysages était splendide. L'histoire parlait des sentiments de perte et d'appartenance. Je n'en revenais pas de la portée qu'avaient ces sept artistes ! J'ai donc fait comme beaucoup de personnes, je me suis demandé « Wow, qu'est-ce que c'est que ça ? » et j'ai commencé à regarder toutes les vidéos. Mon mari n'en revenait pas : 'pourquoi est-ce que ma femme est en train de regarder un Coréen manger des nouilles à cinq heures du matin ?' »

Rita Powell parle d'une épiphanie : en découvrant BTS, elle s'est souvenue des raisons qui l'ont poussée à devenir religieuse. Elle s'est aussi demandé pourquoi un groupe de musique pop parvenait plus efficacement à créer une relation intime avec ses fans qu'elle n'y parvenait avec sa congrégation. Il y avait tellement de raisons qu'elle s'est mise à toutes les chercher.

La plus évidente était celle des pratiques des fans de BTS. Elles lui ont tout de suite fait penser à Taizé, une communauté monastique chrétienne œcuménique localisée en France. Rita

Powell explique que leur pratique mélange les rituels religieux et des moments de détente et de relaxation où les membres passent du temps ensemble. Les moines sont notamment polyglottes et chaque année, des rencontres internationales ont lieu pendant lesquelles les textes sont traduits dans de nombreuses langues par les fidèles. Quelque chose que l'on retrouve chez les fans de BTS, dont chaque tweet, chaque vidéo est constamment traduit dans le monde entier - par des fans qui tentent bénévolement de rendre ce contenu plus largement accessible et de répandre leurs paroles. Ces derniers alternent aussi les moments de congrégations (les concerts ou les évènements) avec des réunions plus informelles (rendez-vous entre fans, discussions sur des plateformes dédiées, création de contenus autour du groupe…)

Plusieurs autres éléments de réponse lui ont été inspirés par les recherches en religion de Charles Taylor (*A Secular Age*) et Kathyrn Lofton (*Consuming Religion*), qui dressent des parallèles entre la religion et les expériences vécues via la pop culture. Ces deux chercheurs ont observé que l'autorité spirituelle venait de moins en moins de structures officielles, et de plus en plus d'expériences personnelles. BTS par exemple, via leur idéologie de *Love Yourself*, *Speak Yourself*, « Sois toi-même », invitent à se poser de nombreuses questions historiquement couvertes par la religion : Comment puis-je aimer ? Que veut dire « amour » ? À quoi devrais-je m'abandonner ? Leurs paroles ont notamment trouvé écho chez de nombreuses personnes luttant contre la dépression ou l'addiction et les ont inspirées : à leur tour, elles ont voulu aider d'autres fans.

Un second phénomène identifié par Taylor et Lofton est celui de l'effervescence collective. L'une des chansons de BTS, et un thème qui revient souvent dans leurs clips, est d'ailleurs *Dyonisus* (Dionysos), le dieu grec du vin, du plaisir et l'extase religieuse. « Les expériences d'extase sont l'un des moteurs de la religion », ajoute Rita Powell. « J'ai assisté à un de leur concert en live. C'était incroyable ! Je partageais une expérience avec 50 000 personnes et les BTS étaient comme les prêtres de cette communion. » Ce sujet lui tient tout particulièrement à cœur : « J'ai toujours été intéressée par la religion et où on peut la trouver en dehors du cadre classique que l'on y associe », explique-t-elle. « Après la conférence de Londres et la publication de ma recherche, beaucoup de Coréennes sont venues me voir. Elles avaient du mal à réconcilier leur foi chrétienne et leur amour de BTS. Comment pouvaient-elles ressentir la même chose pour les deux, alors qu'elles ne devraient ressentir ce genre de dévotion que pour Dieu ? » Pour la pasteure, il est évident que leurs sentiments ont la même source.

Elle a fait de cette interrogation le centre de l'un de ses services à la chapelle épiscopale d'Harvard, depuis enregistré et diffusé sous forme de podcast. « Une part de l'invitation à l'épiphanie est de chercher l'extase », y prêche-t-elle avant de conclure : « Vous ne succomberez pas tous au charme exubérant de BTS, mais peu importe sous quelle forme, je vous invite à trouver votre extase, votre épiphanie et à la suivre. » Pour reprendre les mots de Go Hye-mi, l'héroïne du *drama Dream High* : à quoi bon juger ce qui rend tant de gens heureux ?

Chapitre 12

Cicatriser

Elaine Vega
Américano-allemande,
29 ans

J'ai rencontré Elaine un après-midi à Séoul. J'avais parlé de mon projet de livre à Jin Hyuk (le réalisateur de séries du chapitre 6) et il m'avait mentionné cette amie à lui, une Américaine venue s'installer en Corée pour devenir actrice. Ce jour-là, j'ai pris l'ascenseur jusqu'au dernier étage de l'immeuble où se trouve son bureau. Je me suis trompée de sens dans les couloirs – comme d'habitude – puis j'ai fini par sonner à la bonne porte. Elaine se tenait dans le salon, ses vêtements pastel et son maquillage parfaitement accordés à ceux que portent les Coréennes. Elle m'a frappée par sa beauté et son élégance. Je me suis presque sentie intimidée – et j'ai regardé mes baskets en regrettant de ne pas m'être un peu plus apprêtée.

Nous avons discuté, puis nous nous sommes rendues dans un café à proximité pour discuter de son histoire. Elle m'a fascinée tout de suite : Elaine choisit ses mots. Elle sur-analyse tout, d'abord elle-même. Elle a vécu des moments terriblement difficiles et malgré cela, elle se remet sans cesse en question, refuse d'être passive, affronte son manque de confiance en elle.

Nous avons longuement parlé, puis elle m'a entraînée jusqu'à son auberge de jeunesse – où elle travaillait en échange d'une toute petite chambre sur le toit et d'une vue renversante sur la ville. Elle m'a parlé de sa famille, de ses rêves et de son besoin de déménager en permanence. Des heures plus tard, nous sommes descendues des hauteurs pour retrouver Jin Hyuk à son bureau : il nous avait invitées dans l'après-midi à dîner avec l'un de ses amis acteurs et son équipe. Transportées dans cette expérience improbable, Elaine et moi avons passé la soirée à nous regarder avec surprise, sans trop comprendre comment nous avions fini là – mais ravies d'y être.

Le lendemain, j'ai quitté la Corée avec le souvenir de cette journée inoubliable. Elaine, elle, a continué de chercher des réponses à ses questions depuis Séoul.

Guérir les blessures

Je viens de partout et de nulle part.

Ma famille habite en ce moment au Texas, mais comme tous les enfants de militaires, j'ai vécu aux quatre coins du monde, entre trois mois et trois ans, et jamais deux fois au même endroit. Louisiane, Virginie, Allemagne, Russie... Même lorsque je me suis arrêtée à Los Angeles pendant cinq ans, j'ai déménagé cinq fois. Je suis arrivée à Séoul il y a à peine six mois et j'en suis à quatre chambres différentes. En ce moment, je vis sur le toit d'une auberge de jeunesse à Itaewon. On m'a offert une guitare et j'apprends à en jouer. J'écris des dialogues et des monologues pour m'entraîner et progresser en tant qu'actrice. Je contemple la vue vertigineuse sur toute la ville et je me demande comment j'en suis arrivée là.

L'un des tournants s'est produit il y a deux ans après une expérience personnelle très difficile : j'ai vécu une tentative de viol. Je suis un peu plus à l'aise avec le fait d'en parler ces derniers temps. J'ai travaillé sur moi. J'essaye de ne ni blâmer, ni haïr. Et surtout de ne pas me laisser consumer par ce qui s'est passé.

Ce n'était pas la première fois que l'on m'attaquait, mais c'était la première fois que je réalisais ce qui se passait dans ma vie et que je décidais de changer. Je me suis demandé qui je devenais. Je pleurais tout le temps et je ne savais pas comment le gérer.

J'ai trouvé du réconfort là où je ne m'y attendais pas. À cette époque, je regardais en parallèle *Kill Me Heal Me*, une série coréenne, et *Sons of Anarchy*, une série américaine. Dans *Kill Me Heal Me*, il y a cette scène où le héros est sur le point de se suicider. Il a écrit en immenses caractères rouges sur le sol : « KILL ME ». L'héroïne l'en empêche en lui demandant de lui parler, en lui disant qu'il n'est pas le seul à avoir plusieurs personnes en lui - une qui veut vivre, une qui veut mourir, une qui veut abandonner - et en lui criant dessus avec amour. Plus tard, le héros retourne sur le toit du bâtiment dont il voulait se jeter et découvre que sur le sol « KILL » a été barré et recouvert par « HEAL ME » en grosses lettres blanches.

J'ai complètement personnifié ces mots. Je ne les avais jamais entendus sous cette forme, dans ce contexte : ni de la part de ma famille, ni de mes amis. De personne.

Quelques jours plus tard, je regardais *Sons of Anarchy*. Il y avait un épisode où une femme, la mère de Jax, est explicitement violée par plusieurs hommes. Dans la scène qui suit, elle raconte ce qui s'est passé à son mari et à son fils. Les deux réagissent de la même manière : ils sont uniquement concentrés sur leurs émotions et les étapes de la vengeance qui les attend. Ce viol est utilisé par les auteurs comme un moyen « créatif » de continuer la violence physique dans l'histoire. Cette scène m'a accablée : il y avait de multiples opportunités pour les femmes de cette série de dire la même chose que dans la série coréenne, mais les auteurs américains ne l'ont pas écrit. Personne ne disait au personnage : « Je suis fier que tu aies partagé cela avec nous. Comment TE sens-tu ? De quoi as-TU besoin ? »

Je ne sais pas trop comment, ou exactement pourquoi, mais *Kill Me Heal Me* a représenté un grand tournant psychologique pour moi. Je savais que ma guérison ne viendrait jamais de cette série, ou d'une autre – pourtant, elle m'a aidée à mettre des mots sur mes sentiments. C'était comme si toutes les lumières s'étaient allumées dans ma tête. Cela m'a donné envie de travailler dans un environnement créatif et culturel où je pourrais exprimer ce que j'ai envie d'exprimer, grandir et aider d'autres que moi à guérir.

Or, à l'époque, je n'avais pas l'impression que j'évoluais dans ce genre d'environnement. Je travaillais encore pour Creative Artists Agency (CAA), l'une des agences de talents phare d'Hollywood et quelques semaines après mon attaque, l'affaire Harvey Weinstein a éclaté. Nous avions certaines informations avant tout le monde, parce que toutes les entreprises du milieu étaient concernées... y compris la nôtre. Puis les révélations de viols et de tentatives de viol de tel acteur ou tel réalisateur ont commencé à tomber les unes après les autres. Il n'y avait pas de fin. L'environnement était surréaliste pendant des mois. Ce n'était pas comme si nous tombions des nues. Tout le monde savait. Seulement, tout le monde réalisait enfin qu'il fallait changer – moi la première. Je ne pouvais pas continuer à travailler ici ou avoir les mêmes objectifs. Il fallait que je réévalue tout et que je trouve une nouvelle voie. J'étais coincée dans un paradoxe : j'avais l'impression d'aller dans la mauvaise direction tout en faisant du surplace.

J'en ai discuté un soir avec ma coloc de l'époque et elle a tout de suite été carrée : « ok, quelle est la date limite que tu te fixes pour partir ? » Je lui ai répondu que j'aimerais bien aller en Corée dans l'avenir, et pourquoi pas, faire évoluer ma carrière là-bas. « Ok, a-t-elle repris. Fixons une date alors. Maintenant. » Et nous avons fixé une date pour que je quitte la Californie début 2019.

***

Je m'étais déjà rendue en Corée plusieurs fois en voyage. Je savais à quoi m'attendre : mes papilles étaient prêtes à brûler au contact des piments, j'avais noté une adresse où aller pour obtenir une carte SIM coréenne et je pouvais me débrouiller en coréen suffisamment pour avoir une conversation basique - j'avais suivi des cours avant de partir.

Mon intérêt pour le pays ou sa culture ne date pas de *Kill Me Heal Me*. Je viens d'une famille militaire et plusieurs membres de ma famille ont servi en Corée. Mon oncle s'est marié là-bas avec une militaire américaine. Mon père a été basé à Séoul pendant neuf mois quand j'étais jeune. Lorsqu'il est revenu, il m'a rapporté une petite boîte à bijoux coréenne qu'il avait achetée à la base militaire de Yongsan. Elle a toujours été l'un de mes objets les plus précieux. Je n'avais toutefois jamais fait le rapprochement jusqu'à ce qu'un jour, en revenant de mon cours de coréen, je la retourne et réalise que je pouvais lire les signes qui étaient inscrits au dos.

J'ai découvert le kimchi et mes premiers mots de coréen en Allemagne avec ma bande de potes, puis ma meilleure amie (coréenne) en Russie m'a appris à faire du *gimbap*. Elle était furieuse lorsque je lui ai demandé si on allait faire des sushis.

En regardant en arrière, je me rends compte que j'ai eu de multiples interactions avec la Corée. C'est pour cela que je scrute en permanence ma récente passion pour sa culture. Lorsque vous vous trouvez à un moment de votre vie où vous êtes fragile et perdu, il est facile de s'abandonner totalement à la première main tendue... Je ne devais donc pas partir à Séoul pour vivre un fantasme et certainement pas pour résoudre tous mes problèmes.

J'ai toujours été pleinement consciente de la grosse déconnexion qui existe entre la vie réelle en Corée, où il se produit des horreurs comme le scandale du Burning Sun[2] ou les Nth rooms[3] - deux terribles affaires de trafic sexuels, d'abus et de viols systématisés - et le monde des *drama* où l'on peut guérir avec les mots et mener des combats comme celui de l'émancipation des femmes.

Je fais aussi face au quotidien à des doubles standards qui remettent en permanence en question la croissance et l'apprentissage que j'ai eu lorsque j'étais en thérapie à Los Angeles. Les interactions avec les hommes reflètent à la fois les fantasmes du *K-drama* et la brutalité que vous voyez dans les films coréens. Par exemple, je suis allée à un rendez-vous où le gars a tenu la porte, puis a tiré la chaise pour que je m'installe à table. Pendant que nous mangions, il m'a demandé : « Alors, tu

---

2. En 2019, un night-club de Séoul, le Burning Sun, a été accusé de distribuer de la drogue à ses clients pour leur permettre de violer des clientes et d'avoir mis en place des réseaux de corruption (y compris de la police) et de prostitution. L'affaire a provoqué un tsunami médiatique, car des personnalités célèbres (*K-pop*, télévision...) étaient impliquées et se sont échangées des vidéos de violences et d'agressions sexuelles sur des femmes non-consentantes.

3. L'affaire des Nth Rooms, dont les faits se sont déroulés entre 2018 et 2020, désigne un réseau de chatrooms sur lequel les auteurs envoyaient à leurs « abonnés » des vidéos sexuellement explicites dont des viols, des humiliations, des violences ou des scarifications faites aux femmes.

te rases où-tu-sais ? » J'étais tellement choquée. « Pa-ar-don ? On vient de se rencontrer ! » C'est tellement intense et extrême. Il n'y a pas d'entre-deux. Souvent, ce n'est même pas par malice, il y a juste une extrême ignorance dans les rapports avec les femmes étrangères. Ils ne poseraient certainement pas cette question à une femme coréenne – lors d'un premier rendez-vous après dix minutes de discussion.

Un autre m'a dit : « Jouons à un jeu. Sais-tu ce qu'est le *skinship* ? » (C'est un mot anglo-coréen pour désigner le fait de se toucher de manière intime mais pas nécessairement sexuelle.) Signal d'alarme ! J'ai fui. Si je n'avais pas pris le temps de bien me connaître, ces moments-là m'écraseraient complètement. D'autant plus qu'il y a un type de pression sociale particulier en Corée. L'esthétique est ultra-mignonne tout en étant très classe et tout le monde a la même. Alors au bout d'un moment, vous avez envie de ressembler à tout le monde et vous vous dites : « Wow, si j'adopte le même look, je dégagerai la même impression ».

Je pense que c'est pour cela qu'il est essentiel de savoir pourquoi on quitte le navire avant d'essayer de faire sa place dans une autre culture et une autre communauté. J'entends souvent des histoires d'étrangers qui se sont « complètement adaptés » à la culture coréenne et proclament qu'ils ne peuvent pas exister sans elle... Je trouve qu'il y a logiquement un problème.

Je n'ai rien contre l'assimilation – elle m'a donné vie puisque mon père a épousé une Allemande. Il faut juste être en permanence conscient et réaliste sur qui l'on est. Cela me pousse à toujours me demander pourquoi je fais telle ou telle action. Pourquoi est-ce que je veux ressembler à telle ou telle Coréenne ? Pourquoi est-ce que je porte ces vêtements ou ce maquillage ?

Je n'ai pas besoin de ressembler à ou d'être traitée comme une Coréenne. Je ne suis *pas* coréenne. Je suis moi, je suis Elaine. J'aime la Corée, mais je ne *suis* pas la Corée. C'est quelque chose qu'il est facile de perdre de vue, d'autant plus lorsque l'on veut percer dans le divertissement.

***

Le milieu du divertissement coréen est très dur. Il faut travailler énormément si l'on veut s'y faire une place. Cela reste vrai lorsque l'on est un étranger, même s'il y a par défaut moins de compétition qu'entre Coréens et que les critères sont parfois différents. On parle par exemple peu de la hiérarchie qui est très forte entre internationaux : plus longtemps vous avez vécu en Corée, plus vous y avez un rang élevé. Mieux vous parlez la langue aussi, plus vous serez accepté… à condition d'également adopter toutes les conventions coréennes qui seront alors attendues de vous.

Le système traditionnel fonctionne ainsi : les principaux endroits où vous trouverez du travail en tant que débutant étranger sont Craigslist (très présent en Corée), Instagram et Facebook. Après quelque temps, vous allez remarquer que certaines agences coréennes ou agences de management postent la plupart des propositions et vous allez essayer de travailler souvent avec eux.

L'objectif est de devenir si régulière qu'à chaque fois qu'ils décrochent un projet, les directeurs de castings penseront à moi comme à une évidence et m'enverront un message directement sur Kakao, l'appli de messagerie coréenne. Ils me donneront quelques infos, je leur dirai si je suis disponible ou non et en fonction, je serai ajoutée à une liste. Ensuite, le client fait son choix. Si le directeur de casting revient vers moi, j'ai le job, si ce n'est pas le cas, c'est que ce ne sera pas moi pour cette fois-ci.

J'ai obtenu plein d'opportunités différentes via cette méthode : des rôles principaux pour de petits projets, comme des rôles secondaires ou de la figuration pour de grands projets. J'ai fait du contenu industriel, par exemple des vidéos pour apprendre l'anglais aux enfants. Pendant une heure sur un tabouret j'ai répété « pomme, girafe, carotte »... Parfois, j'ai obtenu des voix off pour des entreprises plus connues. La paye varie de 20 euros de l'heure (pour de petites entreprises) à plus de 2 000 ou 3 000 chez Samsung ou LG pour exactement le même rôle. Il n'y a pas de demi-mesure.

Le fossé entre les deux salaires s'explique car les apparitions pour les grosses entreprises s'accompagnent souvent d'un contrat exclusif qui peut vous bloquer à l'échelle nationale, comme internationale, pendant un bout de temps. Vous êtes en fait payés pour tous les jobs que vous n'obtiendrez pas ensuite.

Les projets plus classiques, comme les *drama* ou les films, sont une question de réseau, et pas de talent car ils n'en demandent aucun : ils proposent le plus souvent des rôles d'extra, sans dialogues. Si on vous appelle le matin, il faudra vous retrouver au milieu de la nuit à une station avec tous les étrangers. Puis vous marchez, prenez un taxi – ou alors l'agence loue un bus pour transporter tout le monde. Le tournage se termine en général entre deux et trois heures de l'après-midi. Si c'est pour un rôle le soir, on vous donne rendez-vous vers dix-sept ou dix-huit heures, puis on travaille jusqu'à une ou deux heures du matin. Je préfère travailler le matin car cela revient souvent moins cher. On peut prendre le bus ou le métro pour rentrer (lorsqu'on travaille sur une série, le retour n'est pas pris en charge. Les films ont de meilleures conditions). Les lieux de tournage sont la plupart du temps très excentrés et l'addition peut vite devenir salée en taxi.

Les galères logistiques ne m'empêchent pas d'adorer ce que je fais. Rien qu'en étant un extra (tout en bas de la chaîne), on a parfois des occasions dingues. Un après-midi, suite à quelques scènes, le réalisateur m'a prise à part et m'a parlé en coréen pour m'expliquer comment je devrais réagir. Puis l'on m'a fait asseoir et lorsque la scène a commencé, j'ai compris que la personne à côté de moi serait Song Joong-gi. J'ai eu un pic d'adrénaline monumental. J'étais à côté d'une des stars les plus cotées du pays !

Malgré toute l'excitation provoquée par ce moment, ma paye est restée la même. Même si vous avez plusieurs scènes et que vous interagissez, vous ne serez pas crédité tant que vous ne parlez pas. C'est différent à Hollywood - et cela m'a demandé de m'adapter et d'apprendre de nouvelles règles. Mes a priori entraînent souvent de grosses déceptions, mais cela rend aussi les victoires plus fortes. Je ne veux pas d'un parcours sans obstacles.

Cela me place parfois dans des situations très stressantes. Au printemps, cela faisait des semaines que je rencontrais différentes agences pour que l'une d'elle sponsorise mon visa. Le mien allait expirer et j'étais vraiment inquiète à l'idée de devoir quitter le pays. Au milieu du mois d'avril, j'étais en train de courir le long du fleuve Han lorsque j'ai reçu un appel de ma première agence, qui s'appelle Jenny : « Hey Elaine, bonne nouvelle, nous allons sponsoriser ton visa de travail, regarde notre proposition ! »

Je me suis arrêtée net au milieu de ma course. Je me suis effondrée sur un banc. Et j'ai commencé à pleurer.

Les relations d'un manager sont normalement plus fiables (moins de risques d'arnaques) et plus durables sur le plan financier. Parce que j'allais être avec eux, ma réputation serait meilleure par extension et je serais plus légitime. Et surtout, j'allais pouvoir continuer mon voyage - ce qui m'a rendue incroyablement heureuse, mais m'a aussi fait paniquer puisque je me suis demandé si j'allais être à la hauteur.

Je ne sais pas ce qui m'attend dans l'avenir. Avec une amie, nous travaillons sur un projet de court-métrage sur la vie des femmes en Corée et les tabous de l'avortement ou du viol. On essaye de le faire projeter dans des festivals. J'essaye de me créer une voie qui ait du sens - je ne sais pas si j'y parviendrai. Je fais mon bout de chemin, je panse mes blessures. J'avance, pas à pas. Et tous les jours, je continue de me demander : « Pourquoi la Corée ? »

Remerciements

Raconter vos histoires, Sueen, Benjamin, Leanna, Yoan, Pierre-Jean, Nathalie, Irina, Steve, Constanza, Lucie, Mathieu, Nicole, Rita et Elaine, a été un honneur (j'assume complètement le choix de ce mot cliché). Les corrections de vos textes ou nos discussions ressemblaient souvent plus à des thérapies de votre amour de la Corée qu'à des interviews, surtout lorsqu'il s'agissait de revisiter des événements douloureux, alors merci du fond du cœur pour votre confiance, votre patience et votre passion. J'espère avoir rendu justice à vos vies fascinantes !

Merci à Marco de m'avoir rappelé en permanence que la perfection n'existe nulle part, sans toi je n'aurais *jamais* fini ce livre. Merci Nora pour ton aide, ton soutien, ton temps, ta gentillesse et tes incroyables conseils alors qu'on se connaissait à peine. Merci à Garance, qui a sauté pieds joints dans l'eau pour sauver sa sœur en détresse.

Merci à mes amis pour leur enthousiasme, leurs relectures et leurs retours sans détours. Merci à ma famille de m'avoir écouté monologuer sur la Corée pendant des heures alors qu'elle est si loin d'eux (promis, je vais continuer).

Merci à l'Atelier des Cahiers, sans qui rien de tout cela n'aurait été possible.

Merci aussi à toutes les personnes avec qui j'ai discuté de ce projet autour du monde à Taïwan, aux États-Unis, au Canada, en France, à Séoul, en Australie ou encore à Hawaï, même si leur participation n'est pas apparue dans le manuscrit final. J'espère pouvoir un jour tous vous rencontrer pour avoir ces conversations passionnantes de vive voix.

Et merci à Karine. Sans ton amour des *drama*, ton blog, ton amitié et notre premier voyage à Séoul, ma vie aurait sans doute pris une tournure bien différente...

Notes

DANS LA MÊME COLLECTION

Les Cahiers de Corée, n° 9. *Vivre ailleurs*
288 pages couleur. 2016

Les Cahiers de Corée, n° 10. *Créer ailleurs*
288 pages couleur. 2016

Pour retrouver notre catalogue et prolonger votre lecture avec nos contenus multimédias, visitez notre site :
www.atelierdescahiers.com

Achevé d'imprimer en Bulgarie
sur les presses de l'imprimerie Pulsio
3, rue Ilia Beshkov, 1592 Sofia
en septembre 2021
(Tél. : 01 82 83 04 60)

Dépôt légal : octobre 2021

Édité par l'Atelier des Cahiers
(60, Bd de Sébastopol, c/o P. Rubert 75003 Paris)
www.atelierdescahiers.com
Diffusion CEDIF - Distribution Pollen

Mook Les Cahiers de Corée, n° 11
ISBN : 979-10-91555-70-8
ISSN : 1228-8489

21 euros /21 000 wons